SALUT SALUT !

Jean Lapierre,
un homme du peuple

Édition : Ariane Caron-Lacoste
Révision : Emmanuel Dalmenesche
Correction d'épreuves : Pascale Matuszek
Couverture : Johanna Reynaud
Photo de la couverture : Annie T. Roussel / *Journal de Québec*
Conception graphique et mise en page : Chantal Boyer
Photo de l'auteure : Tzara Maud

Catalogage avant publication de Bibliothèque et Archives nationales du Québec et Bibliothèque et Archives Canada

White, Marianne, 1978-, auteur

Salut salut ! : Jean Lapierre, un homme du peuple / Marianne White.

ISBN 978-2-89761-049-4

1. Lapierre, Jean, 1956-. 2. Hommes politiques - Canada - Biographies. 3. Journalistes - Québec (Province) - Biographies. I. Titre. II. Titre : Jean Lapierre, un homme du peuple.

FC626.L36W44 2018 971.064'5092 C2018-941896-6

Les éditions du Journal
Groupe Ville-Marie Littérature inc.
Une société de Québecor Média
1055, boul René-Lévesque Est, bureau 300
Montréal (Québec) H2L 4S5
Tél. : 514 523-7993
Téléc. : 514 282-7530
Courriel : info@leseditionsdujournal.com
Vice-président à l'édition : Martin Balthazar

Distributeur
Les Messageries ADP
2315, rue de la Province
Longueuil (Québec) J4G 1G4
Tél. : 450 640-1234
Téléc. : 450 674-6937
filiale de Québecor Média inc.

Les éditions du Journal bénéficient du soutien de la Société de développement des entreprises culturelles du Québec (SODEC) pour leur programme d'édition.

Gouvernement du Québec – Programme de crédit d'impôt pour l'édition de livres – Gestion SODEC.

Dépôt légal : 4e trimestre 2018

leseditionsdujournal.com

Marianne White

SALUT SALUT !

Jean Lapierre, un homme du peuple

Sommaire

À mon père, John, qui était, lui aussi,
un homme du peuple.

Préface

Écrire un livre sur Jean Lapierre n'est pas une mince tâche. Mon ami a eu une vie si riche et si intense, tant en politique que dans l'univers médiatique et dans sa vie personnelle, qu'il est difficile de trouver les mots adéquats pour lui rendre hommage. Au moment d'écrire ces lignes, plus de deux années se sont écoulées depuis la tragédie. Et, je ne suis pas le seul à qui cela arrive, il ne se passe pas une semaine – voire une journée – sans que je me demande ce que Jean aurait pensé du climat politique actuel. Pour les privilégiés qui l'ont côtoyé et pour ceux qui ont eu le bonheur d'être ses amis, le vide est encore plus grand, et surtout plus cruel. Au-delà du personnage public, Jean était l'un des humains les plus généreux qu'il m'ait été donné de connaître.

Grâce au travail méticuleux de Marianne White, vous revivrez à travers ce livre le parcours exceptionnel d'un Madelinot fier de ses origines. Ses enfants, Jean-Michel et Marie-Anne, ont accepté de parler de leur père pour la première fois. C'est la seule entrevue publique qu'ils accorderont.

La tragédie m'a rapproché d'eux, de même que de Lucie, leur grand-mère, ainsi que de leur tante Laure, la seule survivante de la famille. L'amitié et l'affection des proches de Jean, qui sont aussi devenus les miens, m'ont permis de surmonter ma propre peine. Avec le courage extraordinaire dont ils ont fait preuve, ils nous ont donné l'exemple à tous. L'ex-vice-président américain Joe Biden, dont le fils est décédé d'un cancer en 2015, décrit bien l'état d'esprit qui m'habite et qui, je l'espère, apaisera les proches de Jean. « Je sais par expérience que le temps viendra – le temps viendra où le souvenir du défunt fera apparaître un sourire sur vos lèvres plutôt que des larmes dans vos yeux. Ce jour-là, vous le saurez : tout va bien aller. Je sais que c'est difficile à croire que ça arrivera un jour, mais je vous promets que ça arrivera », écrit-il dans son livre *Promise Me, Dad.*

Le présent ouvrage vous permettra de comprendre l'influence que Jean a eue tout au long de sa vie et l'envergure de la personne qui nous a quittés. On ne peut que constater son ardeur au travail. Celle-ci l'a mené là où il se trouvait au moment de son décès : au sommet de sa carrière.

Ce portrait vous permettra aussi de mesurer la capacité unique qu'il avait de tisser des liens avec des gens de tous les horizons, et aussi, de toutes les couleurs politiques. Voici une des choses que, mieux que personne, Jean avait comprises dans la vie : si tu es généreux avec les autres, ils le seront avec toi. Pour lui, il n'y avait pas de ligne partisane. Il ne perdait jamais de vue l'humanité qui est présente chez tout un chacun.

Sa capacité de se faire des contacts m'a immédiatement ébloui. Lorsque nous avons commencé à travailler ensemble, il quittait pour la seconde et dernière fois le Parti libéral du Canada. Jean avait passé toute sa vie politique à Ottawa, alors que moi, j'avais passé 17 ans de ma vie professionnelle comme correspondant politique à l'Assemblée nationale. Lui à Ottawa, moi à Québec. Les deux solitudes réunies ! Nous nous sommes vite rendu compte que nous étions complémentaires, et une amitié indéfectible est née.

Quelques semaines après notre première rencontre de travail, lors des débuts de l'émission *Larocque/Lapierre,* nous sommes allés à Québec pour la présentation d'un budget. Pour tout vous dire, à cette époque, les subtilités de la politique québécoise lui étaient étrangères, et la scène fédérale ne m'était pas plus familière. Je lui ai alors présenté quelques joueurs-clés à Québec, en lui dressant une liste des gens d'influence sur l'échiquier politique. Il ne lui a fallu que quelques mois pour se tisser un réseau de contacts redoutable, et sans doute supérieur au mien ! Des gens de tous les partis politiques, y compris ceux qu'il a combattus dans l'arène, lui ont rapidement accordé leur confiance. Cela lui a permis, en six mois à peine, de devenir le chroniqueur politique le plus branché au Québec. Du jamais vu !

Jean n'avait qu'une parole. Une confidence allait demeurer secrète si elle le devait. Par contre, si la règle du *off the record* n'avait pas été établie, vous pouviez compter sur lui pour que le Québec entier apprenne votre secret dans les heures suivantes ! Jean savait aussi se montrer très généreux de ses conseils, qu'il donnait à quiconque en avait besoin, peu importe son rang ou son statut politique. Encore une fois, l'humain passait avant tout. Jean était tellement passionné de politique qu'il ne faisait aucune différence à cet égard. Plusieurs en témoignent dans les pages qui suivent.

Une bibliothèque porte son nom aux Îles-de-la-Madeleine, et ce sera aussi sûrement le cas bientôt d'une route qui sillonne la circonscription de Shefford, qu'il a représentée si longtemps à la Chambre des communes. Il ne restait plus que son portrait à écrire pour s'assurer qu'on se souviendrait à jamais de cet homme hors du commun. Merci à Marianne White pour son travail colossal.

Le jour de ses funérailles, j'ai dit que la route que Jean et moi avions faite ensemble avait été l'une des plus belles de toute ma vie. Je ne peux que remercier le ciel de m'avoir donné l'immense bonheur de partager son amitié.

Je sais qu'il aurait été sans doute un peu surpris de voir l'immense affection que les Québécois et les Québécoises lui témoignent depuis son décès. Mais, au risque de me répéter, Jean aimait le monde, et le monde le lui rendait bien. Je suis allé le voir au cimetière, situé tout juste à côté de l'église Saint-Francois-Xavier de Bassin, aux Îles-de-la-Madeleine, où il est inhumé avec son père, ses frères et sa sœur. C'est aux Îles qu'il est né, et il y est maintenant retourné pour l'éternité. J'ai compris sur place que mon ami repose en paix. La beauté des lieux est à couper le souffle. C'est simple, mais grand en même temps. Comme Jean.

Salut salut, mon Jean ! Et à vous, bonne lecture.

Paul Larocque

Mot de l'auteure

Le 28 mars 2016, Jean Lapierre annonce sur Twitter la mort de son père, décédé des suites de la maladie de Parkinson à l'âge de 83 ans. Quelques minutes après lui avoir offert mes condoléances, je reçois un micromessage. « Merci ! » Un remerciement comme il en a envoyé des dizaines cette journée-là et le lendemain. Il était d'ailleurs en train de répondre frénétiquement, comme à son habitude, vers 9 h 30, le 29 mars 2016, au moment de décoller de l'aéroport de Saint-Hubert. Ce furent ses derniers messages.

Ma première rencontre avec Jean Lapierre remonte à septembre 2007. Le politicien devenu commentateur à la radio et à la télé assistait alors souvent aux débats politiques à l'Assemblée nationale. Comme j'étais à l'époque correspondante à Québec pour une chaîne de journaux anglophones, il m'arrivait de solliciter ses analyses ; à chaque fois, il me les livrait avec plaisir. Pour la jeune journaliste que j'étais, ces enseignements étaient précieux. Sa gentillesse et sa générosité m'ont tout de suite conquise : même s'il me connaissait à peine, il n'a jamais hésité à me prodiguer des conseils ou à me donner des numéros de téléphone, dont son carnet de contacts était bien rempli.

Je n'étais ni une amie ni une proche de Jean Lapierre. Mais les centaines de messages de condoléances et de témoignages d'amour du public et de la classe politique qui ont suivi son décès ont éveillé en moi le désir de mieux comprendre cette personnalité qui a touché le Québec par son humour, son franc-parler et son authenticité.

Brosser le portrait de l'homme si peu de temps après sa disparition n'est pas une tâche facile. Combien de fois me suis-je dit : « Ah ! si Jean était là pour me raconter... » Pour cette raison, je tiens à remercier la soixantaine de personnes qui m'ont aidée en puisant dans leurs souvenirs, dont nombre de ses amis et de ses collaborateurs, des politiciens et ses enfants. Sans leurs témoignages, ce livre n'aurait jamais vu le jour.

Je souhaite que cet ouvrage permette d'en apprendre davantage sur le parcours unique de cet homme du peuple disparu tragiquement, de ce mordu de la politique qui y a consacré sa vie, deux fois comme politicien et deux fois comme commentateur, et de cet homme de cœur, également, qui vouait un grand respect aux travailleurs acharnés et qui s'intéressait profondément aux autres.

Jean Lapierre avait compris, comme il se plaisait particulièrement à le dire, ce qu'il fallait faire pour « être heureux comme un chien dans une boîte de *pick-up* » : suivre sa passion et la partager.

Marianne White

Chapitre 1

LE VENT DES ÎLES

Ma grand-mère disait tout le temps:
« C'est à l'eau trouble qu'on reconnaît les vrais marins. »
JEAN LAPIERRE

« Je t'aime. » Sans le savoir, Marie-Anne vient de parler à son père pour la dernière fois. La conversation téléphonique a lieu quelques minutes avant que le commentateur vedette ne s'envole pour les Îles-de-la-Madeleine. Ce 29 mars 2016, Jean Lapierre rentre dans son coin de province afin de préparer les funérailles de son père, Raymond, décédé la veille. « Il avait de la peine [...] J'ai l'impression que je lui ai dit la bonne chose », confie-t-elle.

À l'aéroport de Saint-Hubert, Jean, sa conjointe Nicole, ses frères Marc et Louis et sa sœur Martine passent des rires aux pleurs en se remémorant des souvenirs du chef de famille disparu. Leur avion doit décoller à 9 h 30, heure de Montréal.

Quelques minutes plus tôt, Germain Lapierre, propriétaire d'une entreprise de limousines, conduit son cousin Jean et sa conjointe à l'aéroport. Leurs échanges sont teintés d'humour malgré les circonstances. « On parlait de la mort, de son père », raconte le Madelinot avec son accent chantant. « Je disais à Nicole: "Les Lapierre, on a la couenne dure. Tu vas le *toffer* jusqu'à 100 ans." »

De forts vents sont prévus sur l'archipel en après-midi. Mais rien pour inquiéter les passagers, assure Germain Lapierre. Leur attention est entièrement consacrée au défunt et aux funérailles à venir. En quittant l'aéroport au volant de sa voiture, au lieu de filer sans se retourner, comme il le fait habituellement, Germain regarde l'avion à deux reprises.

Deux heures plus tard, l'appareil s'écrase sur l'île du Havre aux Maisons, dans un champ derrière une maison, à seulement deux kilomètres de l'aéroport. L'accident emporte cinq membres d'une même famille : Jean Lapierre, Nicole Beaulieu, Marc Lapierre, Louis Lapierre et Martine Lapierre, ainsi que le pilote de l'appareil, Pascal Gosselin, et son copilote, Fabrice Labourel. La tragédie est d'une cruauté sans nom.

« Quand j'ai vu la nouvelle de l'écrasement, j'ai tout de suite su que c'était eux », laisse tomber Germain Lapierre, la gorge nouée.

Dernières vacances en famille

Une semaine plus tôt, Jean Lapierre se trouve en Floride avec ses enfants et ses petits-enfants. Le jour de ses soixante ans approche et ce changement de décennie le taraude. Il ne souhaite pas de *party* surprise et décide plutôt d'organiser lui-même des vacances en famille au soleil.

Durant le séjour, sa fille le questionne au sujet de ce moment charnière de sa vie. Comment entrevoit-il la soixantaine ? « Il m'a dit qu'il n'allait se priver d'aucune envie dans cette décennie-là, de peur de ne pas pouvoir le faire après », raconte-t-elle. Le bourreau de travail qu'il était aurait-il vraiment mis la pédale douce pour pouvoir voyager davantage et profiter encore plus de la vie ? « Oui, peut-être », avance Marie-Anne. Son frère Jean-Michel ajoute que, malgré de longues journées de travail, leur père avait un emploi du temps taillé sur mesure pour lui. « Il avait un horaire qui lui plaisait. Il travaillait très fort, mais l'été, il prenait deux mois, des fois trois mois de congé. »

Jean Lapierre profite de ce temps d'arrêt avec ses proches pour les traiter aux petits soins. La générosité est dans son ADN, lui qui préfère « donner d'une main chaude que d'une main froide ». Il considère qu'il est privilégié et ne cesse de le répéter durant ce voyage familial. « Il s'estimait très chanceux, se rappelle Marie-Anne. Il nous disait souvent que la vie est bonne pour nous. »

Même s'il est en congé en Floride, il a pris un engagement avec la station de radio KYK-FM, au Saguenay, pour discuter de l'élection partielle dans la circonscription de Chicoutimi–Le Fjord, prévue le 11 avril, et il tient à l'honorer. Le 25 mars, il se lève donc aux aurores afin de préparer son commentaire politique prévu à 8 heures. Sa fille, déjà réveillée, allaite son plus jeune, Oscar, âgé de quelques mois. Fascinée, elle observe son père, consciente de recevoir alors « une grande leçon de rigueur ». En le regardant, elle réalise « qu'il n'y a pas de petite intervention, qu'il n'y a pas de raison de ne pas se préparer adéquatement ». Le sérieux dont il fait preuve « illustre très bien la rigueur qu'il avait et la préparation qu'il y avait derrière tout ce qu'il disait ».

Cette entrevue à la radio, depuis la Floride, est la dernière que Jean Lapierre a accordée.

« Le prochain, c'est moi »

De retour à Montréal juste à temps pour la fin de semaine de Pâques des 26 et 27 mars 2016, il raconte longuement à ses amis les moments précieux vécus pendant son séjour. « Il avait passé une super bonne semaine », se réjouit encore Chantal Hébert, qui lui a parlé le dimanche. La chroniqueuse au *Toronto Star* se souvient avoir dû mettre fin à leur conversation, car sa famille devait arriver d'un moment à l'autre pour le repas pascal. « Jean, si je ne lâche pas le téléphone, ma famille qui s'en vient ne mangera rien ! » C'est la dernière chose qu'elle lui a dite.

Le lendemain, le lundi de Pâques, Raymond Lapierre rend l'âme. Jean appelle son ami Paul Larocque pour lui annoncer la nouvelle. « Ça frappe. Ça frappe fort. Mon père est parti, et là, je viens de réaliser que le prochain, c'est moi », lâche-t-il à son complice. Paul Larocque est stupéfait de cet appel. « J'ai dit à ma femme : "Tu ne sais pas ce qu'il vient de me dire ?" Et le lendemain, il meurt. Est-ce que c'était prémonitoire ? En plus, il est allé mourir sur ses Îles », souffle-t-il, encore ému.

Michel Pellerin, un autre ami de longue date, se souvient très bien de leur dernière conversation. Pour apaiser son deuil, il suggère à Jean la lecture du *Manuscrit retrouvé* de Paulo Coelho. « C'est une allégorie sur un papyrus perdu. Je trouvais [le livre] intéressant et je me suis dit qu'il allait l'aimer. Il m'a assuré qu'il allait l'acheter », confie-t-il, installé à son bureau de l'Institut de cardiologie de Montréal, vêtu de son sarrau blanc.

Lorsque les premières informations sur l'écrasement commencent à circuler, Paul Larocque est en train de faire une séance de photos promotionnelles pour TVA en compagnie de Mario Dumont. Il constate en regardant les images que la carcasse est éventrée, mais qu'elle n'a pas pris feu. Il garde espoir. « Je me suis dit qu'il y avait peut-être une chance qu'ils aient survécu », dit-il, assis dans un bureau fermé de la salle de rédaction, à quelques pas de son poste de travail. Celui de Jean Lapierre, situé en face du sien, est encore aujourd'hui inoccupé.

D'autres amis de Jean cherchent également à comprendre ce qui se passe. Michel Pellerin lui envoie un message texte dès qu'il entend parler de l'écrasement. « Je lui ai écrit : "Appelle-moi." Je n'ai jamais eu de réponse », laisse tomber le chirurgien cardiovasculaire et thoracique. En 20 ans d'amitié, c'est la première fois que Jean ne le rappelle pas.

En voyant les images de l'accident défiler sur les réseaux sociaux, Chantal Hébert appelle un de ses fils. « Je lui ai dit que je *freakais* totalement. Un avion s'était écrasé aux Îles. Je voulais croire que les victimes étaient des touristes japonais qui s'en allaient voir les bébés phoques, mais j'étais persuadée que Jean était dans cet avion. Et que s'il y avait d'autres personnes avec lui, ce seraient tous des membres de sa famille. J'étais convaincue que ça n'allait pas bien finir. »

Jean-Michel se trouve à son bureau d'avocats, où il assiste à une réunion d'associés, lorsque Marie-Anne l'appelle pour lui dire qu'il y a eu un atterrissage d'urgence aux Îles-de-la-Madeleine. La situation est sérieuse, Jean-Michel se rend rapidement chez sa sœur.

Une atmosphère lourde

Paul Larocque multiplie les appels téléphoniques pour savoir ce qui s'est passé aux Îles-de-la-Madeleine. Mais bien vite, la confirmation tombe comme un couperet : personne ne s'en est sorti vivant. « J'étais sonné. C'est tellement gros comme catastrophe que tu n'y crois pas. »

Pendant plus de deux heures, c'est le branle-bas de combat à TVA. La direction et les proches collaborateurs de Jean Lapierre savent qu'il est décédé dans l'écrasement survenu vers 11 h 30, heure de Montréal, mais la nouvelle ne peut être confirmée en ondes tout de suite, car certains membres des autres familles n'ont pas encore été avisés. La tension est palpable. Seuls de rares sanglots brisent le silence. Dans cette lourde atmosphère, des journalistes s'efforcent de récolter le plus de détails possible sur la catastrophe.

Mario Dumont n'a jamais vu une telle scène dans la salle de nouvelles. « Ceux qui ne pleuraient pas étaient au téléphone. » Son collègue Denis Lévesque renchérit. Cette journée est la plus singulière de toute sa carrière médiatique. « Personne ne parlait, c'était comme dans une église. Il n'y avait aucune interaction, tout le monde était sous le choc. Plus la journée avançait, plus le silence s'installait, plus la douleur était sourde. »

Paul Larocque appelle lui-même des amis proches de Jean pour leur annoncer la terrible nouvelle. Il commence alors à saisir l'ampleur du drame. « J'ai demandé à ma femme Mylène [Béliveau-Toussaint] de venir me retrouver. J'étais révolté, j'étais cassé et j'avais besoin de ventiler. Et surtout, je me rappelais ce qu'il m'avait dit la veille ! » glisse-t-il en repensant aux paroles prophétiques de son ami après le décès de son père.

L'annonce officielle

Le Québec, pendant ce temps, retient son souffle. L'absence inhabituelle de Jean Lapierre sur les réseaux sociaux alimente l'inquiétude.

C'est à Pierre Bruneau que revient la délicate tâche d'annoncer officiellement, sur les ondes de TVA, à 16 h 30, heure de Montréal, le décès de Jean Lapierre, de sa conjointe Nicole Beaulieu et de trois autres membres de sa famille. « On dirait que quand la voix de Pierre Bruneau l'annonce, ça devient encore plus vrai. C'est plus officiel : Jean est mort. C'était épouvantable, c'était innommable », dit avec émotion Mario Dumont, qui partageait avec lui un segment quotidien dans son émission à LCN.

L'expérience et le professionnalisme dont fait preuve Pierre Bruneau dans les circonstances sont salués par tous. « Ça a été un gros choc. J'étais en ondes, et dès le midi, je le savais, mais je ne pouvais pas l'annoncer. Et pendant des heures, j'ai tenu comme ça. C'est lourd de garder le silence quand on sait des choses », confie-t-il, installé à la table de conférence de son bureau. Marquant une pause, il regarde le signet de décès de Jean, Nicole, Marc, Martine et Louis, fixé au mur, juste à côté de son téléphone. Il se lève et le décroche pour présenter son précieux souvenir.

Puis, le regard de Pierre Bruneau change. Lentement, en prenant soin de peser ses mots, il évoque le décès d'un autre confrère dont il était proche, Gaétan Girouard. Même si les deux morts sont très différentes – Gaétan Girouard s'est enlevé la vie en 1999 –, elles ont ébranlé fortement le lecteur de nouvelles. Dans les deux cas, il a dû en faire l'annonce en ondes.

« J'ai fait comme si de rien n'était, mais je savais que Gaétan était mort. Et à la fin du bulletin, j'ai juste annoncé : "On apprend le décès de mon collègue." Quand tu vis des histoires comme ça, ça vient te chercher chaque fois. J'ai beaucoup appris à travers ça, dont la résilience. »

Le 29 mars 2016, enchaîne Pierre Bruneau, une seule chose lui permet de tenir le coup : le souvenir des fous rires et des bons moments passés en compagnie de son ami. Le sourire aux lèvres, il va chercher les cahiers de préparation des soirées électorales, méticuleusement annotés par Jean Lapierre. Afin de montrer tout le plaisir qu'avait son ami à préparer ces soirées, il pointe plusieurs exemples de ses commentaires manuscrits. Les blagues savoureuses et les anecdotes croustillantes de l'analyste politique lui manquent encore.

Paul Larocque remercie le ciel de ne pas avoir été en direct cet après-midi-là : il remplaçait Sophie Thibault au bulletin de 22 heures. « Ça aurait été trop, je pense. Tu as beau te dire que tu as une carapace, mais tu perds plus qu'un collègue. J'ai perdu un grand, grand chum », laisse-t-il échapper, encore bouleversé. L'animateur de *La joute* à LCN peine visiblement à parler de son ami au passé.

Malgré tout, il tient à animer le bulletin de fin de soirée, ce qui s'avérera un des exercices les plus durs de sa carrière. Paul Larocque le fait pour son ami. « Je me souviens exactement des paroles que j'ai dites en commençant le bulletin : "On ne peut pas imaginer des circonstances plus difficiles pour vous présenter votre bulletin de nouvelles. Notre collaborateur, notre collègue, mon ami Jean Lapierre est mort dans une terrible catastrophe avec d'autres membres de sa famille." »

Le lendemain de son décès, dans la salle de nouvelles de TVA, des chandelles et des fleurs sont posées sur le bureau de Jean Lapierre. Mario Dumont lui rend hommage durant son émission, contenant péniblement ses émotions à certains moments. L'image de l'animateur, en direct devant la caméra, fixant le siège vide de son collègue pendant de longues secondes est particulièrement forte. Leur « Caucus » de 11 heures, pendant lequel le duo discutait des derniers potins politiques, n'aura plus lieu. Afin de souligner ce triste départ, l'équipe de Dumont se démène pour présenter un montage des meilleurs moments de l'émission. « On voulait tous les Jean. Le Jean qui s'indignait, qui se choquait devant certaines situations, le Jean qui expliquait des résultats d'élections, le Jean qui nous faisait rire. On a essayé de juxtaposer toutes ses facettes. »

Le dernier vol

Pour se rendre aux obsèques de son père, aux Îles-de-la-Madeleine, Jean Lapierre décide de ne pas prendre un vol nolisé d'une compagnie aérienne commerciale. Il opte plutôt pour un vol privé et demande à Pascal Gosselin, le fils de son ami Yves Gosselin, d'être aux commandes.

Ce n'est pas la première fois que le pilote, marié et père de trois enfants, se rend aux Îles et qu'il y emmène Jean Lapierre. L'année précédente, il l'avait conduit auprès de son père malade. Ils avaient d'ailleurs profité du vol de retour pour rapporter quelques caisses du fameux homard des Îles-de-la-Madeleine.

Propriétaire de l'entreprise Aéro Teknic, installée à Saint-Hubert, Pascal Gosselin appréhende la météo du lendemain et demande à son ami Daniel Villeneuve de l'assister. Dans un courriel succinct, il lui écrit : « Serais-tu disponible demain matin pour un aller-retour aux Îles en MU2, le même jour ? Le père de Jean L. est décédé il y a quelques heures et il aimerait y aller demain avec des membres de sa famille. La météo s'annonce OK pour demain, mais des vents débiles en après-midi et ça va passer de la pluie à la neige. » Daniel Villeneuve doit décliner l'offre, car il a d'autres engagements professionnels, mais lui répond de ne pas hésiter à lui demander son assistance une prochaine fois. Le dernier courriel que lui envoie Pascal Gosselin est bref : « OK. À la prochaine. »

Le destin veut que ce soit Fabrice Labourel qui l'accompagne lors de ce vol fatidique. Français d'origine, Labourel s'est établi au Québec en 2011 pour réaliser son rêve de devenir pilote professionnel. Légalement, Pascal Gosselin peut piloter seul son aéronef Mitsubishi MU-2B – il a sa licence depuis 2010 –, mais il préfère avoir de l'assistance ce jour-là en raison des conditions météo qui s'annoncent exigeantes. Fabrice Labourel est un pilote professionnel et un instructeur de vol accompli, mais il n'a jamais piloté ce type d'appareil.

Les secondes fatales

Le 29 mars 2016, que s'est-il passé exactement dans le cockpit de l'appareil qui emporte Jean Lapierre, quatre membres de sa famille et deux membres d'équipage aux Îles-de-la-Madeleine ? Le rapport déposé en janvier 2018 par le Bureau de la sécurité des transports (BST) retrace les faits minute par minute. C'est grâce à un enregistreur de bord installé dans l'avion par Pascal Gosselin, une décision d'ailleurs saluée par l'organisme, que ces précieuses informations ont pu être récoltées. Voici, basé sur l'enquête de plusieurs mois du BST et les rapports du coroner, le fil des événements qui mènent à l'écrasement.

8 h 31 HAA[1] : Le pilote dépose son plan de vol aux instruments. Il vérifie les comptes rendus météorologiques. Tout est en règle pour le vol dont la durée est évaluée à environ 2 heures.

10 h 31 : L'aéronef décolle de l'aéroport de Saint-Hubert en direction des Îles-de-la-Madeleine avec sept personnes à bord. Le pilote occupe le siège de gauche et le passager-pilote, celui de droite. Les cinq passagers sont installés dans la cabine.

10 h 33 : Le pilote active le pilote automatique durant la montée initiale.

12 h 18 : Une descente lente est amorcée après que le pilote a changé deux fois son plan d'approche pour la piste 7 de l'aéroport de Havre-aux-Maisons.

12 h 24 : Le pilote constate que sa vitesse est trop élevée et qu'il faut réduire la puissance des moteurs. Les manettes de gaz sont reculées. Il laisse le pilote automatique contrôler la trajectoire et la descente.

12 h 25 : Le contrôleur autorise l'avion à effectuer l'approche demandée.

12 h 27 min 14 s : L'avion franchit un premier point de référence à 4500 pieds au-dessus du niveau de la mer, soit 1500 pieds de plus que ce que prévoit la procédure. La vitesse est aussi trop élevée. L'approche n'est pas stabilisée. L'aéronef emprunte ensuite une trajectoire sinueuse.

1. Heure avancée de l'Atlantique. Pour obtenir l'heure de Montréal ou de Québec, il suffit de retrancher une heure.

12 h 28 min 45 s : Le pilote prévoit de réduire la vitesse lors de la sortie des volets et du train d'atterrissage. Il constate également que l'aéronef vole trop haut.

12 h 29 min 22 s : Le train d'atterrissage est sorti et les volets d'approche sont déployés. L'avion vole toujours trop vite.

12 h 29 min 34 s : Le pilote indique qu'il va réduire davantage le taux de descente.

12 h 29 min 58 s : Le passager-pilote indique qu'il peut voir le sol du côté droit. Le pilote accuse réception du renseignement, mais ne dit pas s'il a établi le contact visuel.

12 h 30 min 2 s : Le pilote poursuit l'approche et reprend les commandes de l'aéronef. Il avise que s'il ralentit davantage, l'aéronef va décrocher. Il décide d'augmenter la puissance des moteurs au maximum. L'appareil effectue abruptement un virage à droite et perd rapidement de l'altitude. Surpris, le pilote réagit pour tenter d'y parer. À environ 150 pieds au-dessus du sol, il réussit à remettre l'aéronef à l'horizontale. L'altitude est cependant insuffisante pour qu'il puisse effectuer une reprise.

12 h 30 min 12 s : L'aéronef percute le sol à 1,4 mille marin à l'ouest-sud-ouest de l'aéroport. L'appareil s'immobilise à environ 300 pieds du point du premier impact. L'avion est détruit et tous les occupants subissent des blessures mortelles.

En résumé, conclut le BST, l'avion arrivait trop vite et à une altitude trop élevée aux Îles-de-la-Madeleine. Ensuite, lors de l'approche finale, le pilote a dévié de sa trajectoire et tenté de corriger son approche, mais il a manqué de temps. Il ne s'est écoulé que quelques secondes entre le moment où Pascal Gosselin a désengagé le pilote automatique, car il a réalisé que sa vitesse était beaucoup trop basse, et celui où il a perdu la maîtrise de l'appareil.

Les enquêteurs soulignent que, pendant la phrase critique de la descente, le pilote avait des communications non essentielles avec le passager-pilote. Ces explications sur les systèmes de bord et leur fonctionnement se sont poursuivies pendant plusieurs minutes, contribuant à alourdir la charge de travail du pilote et à le distraire de ses tâches à un moment crucial.

Les enquêteurs déplorent qu'il ait ainsi été réduit à réagir aux événements les uns après les autres, au lieu de pouvoir les contrôler et d'avoir une vision d'ensemble de la situation. Si tel avait été le cas, il aurait peut-être constaté qu'une autre option s'offrait à lui : remonter et repenser l'atterrissage. Jamais cette éventualité n'est évoquée par le pilote dans les enregistrements des conversations à bord consultés par le BST.

Par ailleurs, selon les enquêteurs, Pascal Gosselin manquait d'expérience sur l'appareil hautement performant, mais capricieux, qu'il pilotait ce jour-là. Dans les 90 jours précédant l'accident, il n'avait été aux commandes de l'avion que pendant 20 heures. Le BST estime donc que Pascal Gosselin ne maîtrisait pas assez son appareil pour prévoir la façon dont il allait se comporter dans les conditions difficiles qui prévalaient dans les minutes qui ont précédé l'écrasement.

Le Mitsubishi MU-2B est réputé pour être difficile. Ce modèle avait d'ailleurs été impliqué dans 14 accidents aux États-Unis entre juillet 2002 et la fin de l'année 2005, dont 10 mortels. À la demande des autorités américaines, le fabricant avait ensuite mis en place un système de reclassification et de formation spécifique. Pascal Gosselin s'était inscrit à un cours de requalification sur cet appareil, qui devait avoir lieu la fin de semaine suivant l'accident.

Même si tout semble indiquer une erreur de pilotage, ni le BST ni les enfants de Jean Lapierre ne blâment le pilote. Le rapport précise même que, dans une telle situation, d'autres pilotes auraient agi de la même façon.

Et la météo, pour sa part, a-t-elle joué un rôle dans l'accident ? Paul Arcand se souvient que son ami surveillait de près les conditions quand il lui a parlé la veille de son départ. « Il ne trouvait pas la météo terrible », dit-il. Si c'était à refaire, il lui aurait conseillé de faire preuve de plus de prudence. « Je comprends qu'il voulait se rendre aux Îles, mais… »

Après la tragédie, des observateurs ont remis en question la décision de maintenir le vol. Il ventait cette journée-là, et la pluie devait se transformer en neige en après-midi, un cocktail qui peut être exigeant pour un pilote. Les compagnies aériennes commerciales avaient d'ailleurs décidé d'annuler leurs vols au départ et en direction de l'archipel, mais le BST prend soin de préciser que leurs contraintes diffèrent de celles des petits avionneurs privés.

À 12 h 23, quelques minutes avant l'écrasement, les conditions météo étaient acceptables pour un atterrissage, bien que pas idéales : vent à 19 nœuds (35 km/h) avec rafales à 24 nœuds (45 km/h), visibilité de 2 milles terrestres, plafond nuageux fragmenté à 200 pieds du niveau du sol[2]. Une quinzaine de minutes plus tard, on enregistrait de la brume et une faible pluie. La météo, souvent capricieuse sur l'archipel, n'est cependant pas un facteur majeur dans l'accident. Et, selon le BST, la pluie et le vent n'empêchaient pas le pilote de décoller de Saint-Hubert.

2. Selon le rapport du BST.

Une scène à donner froid dans le dos

L'appel initial au 9-1-1 est passé à 12 h 31. Lorsqu'ils arrivent sur les lieux, les ambulanciers et les secouristes ne peuvent que constater l'effroyable tragédie. L'écrasement est survenu à proximité de plusieurs résidences de Havre-aux-Maisons. Et les témoins sont nombreux.

Antonin Valiquette est surpris d'entendre le bruit d'un avion plus fort qu'à l'habitude, alors qu'il dîne chez ses parents. Après s'être tourné vers la fenêtre de la cuisine, il aperçoit un appareil qui passe tout juste au-dessus de la maison voisine.

« Les ailes étaient à l'horizontale, l'avion est passé sous les fils de téléphone, il arrivait très vite et ensuite il a touché le sol. Le choc a été gros, on l'a senti dans nos pieds », raconte celui qui est journaliste à la station de radio locale CFIM.

D'autres témoins voient également l'avion frôler une maison. L'appareil percute une butte, comme s'il heurtait un mur, rebondit et s'écrase finalement sur le sol partiellement enneigé. C'est à ce moment que le fuselage s'ouvre.

Rapidement, des voisins accourent sur le site de l'écrasement. Une forte odeur de kérosène envahit l'air, mais aucune fumée en vue. Pierre Delaney, un des premiers sur place, fait le tour de l'appareil deux fois en espérant trouver des survivants. Il s'adresse aux occupants en criant, mais personne ne lui répond. « Il y avait un silence de mort », dit-il. L'homme passe la tête dans l'appareil par un hublot brisé : il aperçoit alors une personne encore attachée à son siège, inerte. Une scène horrible qu'il aurait préféré ne jamais voir.

L'avion gît au sol, tordu. Il y a des débris partout. Sur les images captées par les caméras de télévision, on aperçoit au moins un siège, ainsi que des bagages, projetés hors de l'appareil.

Les secouristes tentent de déterminer combien il y a de personnes à bord, mais la tâche est compliquée: l'information ne figure pas dans le plan de vol. Ce n'est que plus tard, à 13 h 45, après avoir réussi à atteindre les passagers pris dans la carcasse, qu'il est établi qu'il y a sept personnes dans l'aéronef.

Les premiers répondants érigent un périmètre de sécurité, et une vingtaine de pompiers volontaires participent aux opérations de désincarcération. Pendant plus d'une heure, ils s'emploient à dégager des débris pour atteindre les victimes. Quand ils y parviennent, ils réalisent avec stupeur qu'il s'agit du chroniqueur vedette Jean Lapierre et de membres de sa famille.

L'opération est particulièrement périlleuse. Environ 1000 livres[3] de carburant s'échappent de la carcasse et, comme il est très inflammable, les pompiers craignent une explosion. Au péril de leur vie, deux d'entre eux pénètrent à l'intérieur de l'appareil. Ils mettent de longues minutes à extirper les passagers coincés dans la carlingue.

Marc Lapierre est l'un des premiers rescapés, et il est encore conscient. « Merci, merci, mon Dieu[4] », réussit-il à marmonner aux secouristes, avant d'être transporté d'urgence à l'hôpital de l'Archipel. Quand il y arrive, à 13 h 34, il est en arrêt cardiorespiratoire et souffre de nombreux traumatismes. Les équipes de réanimation tentent l'impossible, mais sans succès. Son décès est finalement constaté à 16 h 28.

---

3. Selon le rapport du BST, en français, 1000 livres de carburant ont contaminé le sol sur le lieu de l'accident.
4. *Le Journal de Montréal*, 1er avril 2016, p. 7.

Pendant ce temps, sur le site de l'accident, les secouristes continuent de s'affairer à dégager les autres passagers. Entre 13h25 et 14h06, un médecin interniste constate leur décès sur place.

Laure, la seule de la fratrie Lapierre qui n'était pas à bord de l'avion, se rend avec sa mère à l'hôpital. C'est à elle qu'incombe la terrible responsabilité d'identifier les cinq membres de sa famille parmi les victimes.

Une situation d'urgence

Le maire des Îles-de-la-Madeleine, Jonathan Lapierre, se dirige rapidement sur les lieux. Après avoir pris une photo de la carlingue éventrée et l'avoir publiée sur Twitter, il embarque dans un véhicule en direction de l'hôtel de ville. C'est sur la route qu'il apprend que les passagers étaient fort probablement du clan Lapierre.

« Je savais que Jean devait venir aux Îles et que s'il venait, c'était avec ses proches », précise-t-il, se remémorant, plus d'un an plus tard, les événements de cette journée dans son bureau de Cap-aux-Meules.

N'ayant vu aucun survivant sur le site, il appelle le chef de la police pour obtenir une mise à jour. « Écoute, c'est Jean Lapierre et sa famille. Prépare-toi au pire, je ne suis pas sûr qu'il va y avoir des survivants », lui répond celui-ci.

Le lendemain, les enquêteurs du BST atterrissent sur l'île, de même que des dizaines de journalistes. « J'avais l'impression que ce n'était qu'un cauchemar et qu'on avait rêvé à une épouvantable catastrophe qui s'était produite aux Îles, raconte le maire. Mais quand tu arrivais à

Havre-aux-Maisons et que tu passais devant l'avion, tu réalisais que c'était vrai. »

En effet, pendant plusieurs jours, la carcasse reste immobile, dans le champ où la tragédie a eu lieu, entre les maisons colorées si particulières aux Îles. Il faudra un certain temps aux équipes du BST pour emporter les débris dans leur laboratoire à des fins d'analyse.

Un an et demi après l'accident, dans les longues herbes où l'appareil s'est écrasé, des traces du drame sont encore visibles, comme si l'île refusait de faire son deuil. Le site, qui a attiré les curieux pendant plusieurs semaines, est aujourd'hui redevenu paisible.

Une force de la nature

La période qui suit l'accident est une épreuve terrible pour la communauté, explique Jonathan Lapierre. Cette tragédie, qui semble tout droit sortie d'un scénario de film, plonge les Madelinots dans l'incrédulité.

Peu après le drame, le maire rend visite à Lucie Cormier, la mère de Jean, et à Laure, qui sont entourées de leurs proches. Il est surpris par la force émanant de la mère de famille qui, en deux jours à peine, a perdu son mari et quatre de ses enfants. Faisant preuve d'un calme qui tranche avec la magnitude du drame, Mme Cormier prend le temps de lui parler de chacun de ses enfants et de sa belle-fille décédés.

« J'ai perçu que sa crainte, c'était qu'on n'en fasse que pour Jean, car il était connu », explique le maire. Pour elle, il est important qu'on ne parle pas uniquement de son fils. C'est ainsi que Mme Cormier devient, pour le maire ainsi que pour toute la communauté, le point d'ancrage qui les aidera à surmonter les difficultés qui vont suivre. « C'est une incroyable force de la nature, conclut-il. On ne peut pas être plus faible qu'elle. C'est impossible. » Marie-Anne Lapierre est du même avis : « Ma grand-mère, c'est une femme solide, forte et extraordinaire. »

Preuve de sa force de caractère, s'il en faut une, Lucie Cormier a l'habitude de se baigner dans la mer tous les jours, de mars à novembre, ne craignant ni la température de l'eau ni les forts vents des Îles. Cet exemple, souligne Paul Larocque, illustre le cran dont elle a fait preuve durant toute sa vie, et particulièrement après la tragédie. Son courage est pour lui une source d'inspiration : « Si elle a choisi de ne pas s'apitoyer sur son sort, qui suis-je pour me plaindre ? »

Des auditeurs secoués

Le décès tragique de Jean Lapierre suscite un raz-de-marée médiatique qui va bien au-delà des frontières du Québec. Les médias en font abondamment mention au Canada anglais, de même que dans une dizaine de pays étrangers.

Les hommages à Jean Lapierre se multiplient sur Twitter, où il était très actif et suivi par des dizaines de milliers de personnes. Son #salutsalut si caractéristique, avec lequel il commençait chacune de ses interventions, devient un mot-clic populaire.

Son ami François Legault sursaute encore chaque fois qu'il entend ce « Salut salut ! », ou qu'il se surprend à l'utiliser, tellement ces mots lui sont associés. « Ça m'arrive parfois de m'échapper et de dire à quelqu'un : "Salut

salut !" Mais je ne peux pas dire ça, c'est la phrase de Jean », explique le chef de la Coalition avenir Québec.

Des centaines de gens témoignent dans les heures qui suivent de l'influence que Jean Lapierre a eue sur leur vie. « De loin le plus grand vulgarisateur de l'actualité politique. Plus important que le café matinal », écrit par exemple l'animateur radio Louis-Philippe Guy sur Twitter.

Ses auditeurs et téléspectateurs le pleurent. Les tribunes téléphoniques sont inondées d'appels. Sur la page Facebook de TVA Nouvelles, ses nombreux admirateurs partagent leur peine. « Ma femme était une *fan* de Jean Lapierre. Quand on a été faire un séjour de cinq ans à Matane, elle n'avait émis qu'une condition, c'est qu'elle devait pouvoir syntoniser le 98,5 FM pour son Paul Arcand et Jean Lapierre », écrit Bertin Lefrançois, un fidèle auditeur.

Les amis de Jean sont eux aussi sous le choc. Pierre Bibeau, organisateur libéral de longue date, joue au golf en Floride lorsqu'il apprend la nouvelle. Il laisse sa partie en plan, anéanti. « J'ai été vraiment *shaké*. J'ai perdu tous mes moyens. Ç'a été *rough*. C'était vraiment quelqu'un d'attachant », confie-t-il presque deux ans après le drame, les yeux mouillés.

L'ancien premier ministre québécois Lucien Bouchard est marqué par la fin tragique de Jean Lapierre et de sa famille. « C'est terrible de penser qu'il est parti. C'est affreux, c'est une histoire d'horreur. »

Marc Bruneau, un des confidents de Jean, évoque difficilement son départ. « C'est encore aujourd'hui une des pires journées de ma vie », laisse-t-il tomber en regardant au loin par la fenêtre d'un café de Montréal.

Le lendemain de l'accident, le 30 mars 2016, les auditeurs de l'émission du matin de Paul Arcand au 98,5 FM n'ont pas droit à leur ration quotidienne de Jean Lapierre. Bouleversé, l'animateur convie des amis du commentateur à saluer sa mémoire.

Le premier ministre Philippe Couillard, l'ex-animateur de radio Jean Cournoyer, les anciens premiers ministres Brian Mulroney et Lucien Bouchard, de même que l'ex-ministre Line Beauchamp, défilent au micro, se rappelant de bons moments passés avec le défunt. Quelques heures après le drame, on constate déjà à quel point il a laissé sa marque.

« J'aurais aimé qu'il sache à quel point il a fait aimer la politique aux Québécois, à des gens qui n'étaient pas intéressés, à des gens qui se tenaient loin de ça, par son travail, par son contenu, mais aussi par son talent de communicateur. Ça, je pense qu'il ne l'a pas assez su », se désole Paul Arcand.

Deux jours après la tragédie, les enfants de Jean Lapierre brisent le silence en publiant un message au nom des familles touchées. Ils tiennent à dire qu'ils sont très émus par les nombreux témoignages à l'endroit d'un « papa et un grand-papa exceptionnel ». Ils terminent leur courte lettre en reprenant la formule que leur père a utilisée si souvent en ondes. « Salut salut, papa. Nous t'aimons et ton souvenir nous habitera à jamais. »

Les Îles se recueillent

Jean Lapierre avait l'habitude de dire que c'est en eaux troubles qu'on reconnaît les vrais marins. La tempête qui suit l'accident met à l'épreuve la résilience de sa famille.

Une première cérémonie funéraire a lieu le 8 avril aux Îles-de-la-Madeleine. Le départ de Raymond Lapierre est souligné en même temps que le décès de Jean, de Nicole, de Louis, de Marc et de Martine. Les funérailles se déroulent à l'église Saint-François-Xavier, qui surplombe le Saint-Laurent, à Bassin, sur l'île du Havre Aubert.

Ce jour-là, de forts vents battent les murs de l'église et la pluie martèle les fenêtres. L'église est bondée. Plus de 800 personnes y sont rassemblées, dont une bonne partie de la communauté.

Des pompiers volontaires, qui sont intervenus lors de l'accident, transportent les urnes des cinq disparus. En les invitant à participer à la cérémonie, les familles souhaitent les remercier pour leur professionnalisme, leur solidarité et leur humanisme. Les urnes – confectionnées par un artisan local avec du sable de l'archipel – sont disposées devant l'autel, à côté du cercueil en bois du chef de famille.

La cérémonie est ponctuée de témoignages. Marie-Anne rend un dernier hommage touchant à son père, sa voix résonnant dans l'église en bois.

Papa,
Tu disais que c'est en eaux troubles qu'on reconnaît les vrais marins. Je t'en prie, veille sur nous et sur grand-maman pour passer à travers cette tempête-ci.

Toi, tu t'es toujours assuré qu'on ne manque de rien. Toi qui aurais remué ciel et terre pour nous protéger. Toi qui nous as toujours appris à défendre les plus faibles et à aider les plus démunis. Toi qui aimais le monde, tout le monde sans distinction. Toi qui étais d'une droiture et d'une loyauté inébranlables, tu as toujours été et resteras notre phare. C'est en puisant dans le bagage d'enseignements et de valeurs que tu nous as transmis qu'on va maintenant vivre.

À travers les détours de la vie, tu n'as jamais baissé les bras. Tu étais un combatif, un éternel optimiste. Aujourd'hui, il faut s'inspirer de toi pour tes petits-enfants Mila, Lénox, Alix et Oscar[5]. *Parce que nous voulons te rendre fier, on ne se laissera pas abattre.*

Par amour pour toi, papa, malgré les eaux troubles, on te promet d'être de vrais marins[6].

Laure Lapierre entonne le refrain de la chanson *You Are My Sunshine*, accompagnée de la chorale. Raymond Lapierre, qui était mélomane, avait interprété cette chanson quelques semaines plus tôt avec le personnel du centre madelinot où il était hospitalisé.

De son banc d'église habituel, Lucie Cormier voit à sa droite la mer et à sa gauche le cimetière où seront enterrés quelques semaines plus tard son mari et quatre de ses enfants. La date de leur décès sur la pierre tombale sera à jamais un rappel de ce double drame. Jean Lapierre est inhumé près du golfe du Saint-Laurent qui l'a vu grandir et mourir.

Les adieux solennels

Le 16 avril 2016, deux semaines plus tard, des politiciens, des personnalités publiques, des amis et des membres des familles Lapierre et Beaulieu se rassemblent dans l'église Saint-Viateur d'Outremont pour célébrer les funérailles, dignes d'un chef d'État, de Jean Lapierre et de Nicole Beaulieu.

5. Charles, un autre petit-enfant de Jean Lapierre, est né après son décès.
6. Site web de TVA Nouvelles, 8 avril 2016.

Huit chefs de gouvernement, passés et en poste, assistent à la cérémonie, couverte par des médias de tout le pays et captée par des caméras de télévision. Le premier ministre du Québec Philippe Couillard et trois de ses prédécesseurs, Jean Charest, Bernard Landry et Lucien Bouchard, occupent les premiers bancs. Le premier ministre canadien Justin Trudeau est également présent, de même que Paul Martin et John Turner, les deux anciens premiers ministres sous lesquels Jean Lapierre a servi, ainsi que Brian Mulroney, qui l'a connu comme jeune député. Les conjointes des ex-premiers ministres décédés Jacques Parizeau et Robert Bourassa sont aussi présentes. On a rarement vu autant de personnalités politiques se déplacer pour les obsèques d'un chroniqueur et ancien ministre.

Les témoignages se succèdent dans l'église, suivis en direct à LCN par 152 000 spectateurs[7]. Devant l'assemblée, son complice à TVA, Paul Larocque, décrit Jean Lapierre comme un homme attachant que les gens avaient l'impression de connaître même s'ils ne l'avaient jamais rencontré.

Ses comparses à la radio, Paul Arcand et Paul Houde, se prennent à rêver de la chronique que leur collègue parti trop tôt aurait faite lundi après avoir jasé avec les nombreux politiciens de toutes allégeances sur le perron de l'église.

Pour sa part, l'ancien premier ministre Paul Martin rappelle que Jean Lapierre était certes un passionné de politique, mais qu'il était avant tout un homme de famille, fier de ses enfants. Il vante aussi la loyauté indéfectible de son ami.

Lucien Bouchard amuse la foule réunie en évoquant les nombreuses fois où son ami l'a fait rire. « Il pouvait par

7. Source : Numeris, LCN, 16 avril 2016, T2+. La rediffusion de la célébration entre 13 heures et 14 heures à LCN a attiré 192 000 téléspectateurs.

exemple vous appeler en disant: “J’en ai une bonne pour toi!” Sauf qu’il lui arrivait de s’étouffer de rire avant de pouvoir la raconter!»

Lors de cette seconde cérémonie, la mémoire de Nicole est aussi célébrée, notamment par les voix de sa sœur Marthe et de son frère Pierre. Ils évoquent la douleur de perdre une personne aussi chère, qui était leur amie et leur confidente.

Portés par une vague d’amour

Le clan tricoté serré des Lapierre tient à vivre son deuil en privé. La catastrophe aérienne a emporté une grosse partie de la famille, et les survivants doivent se serrer les coudes afin de traverser cette épreuve. Deux ans après le décès de Jean Lapierre, la paix avec laquelle ont renoué ses enfants est encore fragile. L’amour, celui de leurs proches et du public, les accompagne dans ces moments difficiles.

«On a été soufflés par la vague d’amour qu’on a reçue. Elle nous a permis de réaliser à quel point notre père était important dans la vie des gens. Ça nous a vraiment fait du bien d’avoir cet amour-là. On réalise maintenant à quel point il était exceptionnel», confie Marie-Anne lors de l’unique entrevue qu’elle et son frère ont accordée après la mort de leur père. «Les gens sont capables de comprendre que c’est une épreuve», dit-elle pour expliquer leur choix de ne pas avoir fait d’apparition médiatique après la tragédie.

Marie-Anne Lapierre, qui est journaliste à TVA, raconte que des gens l’interpellent souvent encore au sujet de son père. «Il n’y a pas une semaine qui passe sans que quelqu’un du public vienne me voir pour me dire comment il aimait mon père, pas une semaine. Ça me fait vraiment plaisir. Il y a des gens qui arrivent et qui pleurent quand ils me voient, encore deux ans après. Je trouve ça magnifique, ça montre à quel point il a été important pour eux. »

La bonne humeur constante de Jean Lapierre n'était sans doute pas étrangère à l'amour que les gens lui portaient. « Il était tout le temps de bonne humeur, mais de façon générale les Lapierre sont comme ça », affirme Jean-Michel. « C'était dans sa nature d'être un bon vivant », renchérit sa sœur.

Les disparus

Marie-Anne et Jean-Michel sont bouleversés par la perte de leur père, mais ils sont également affectés par la disparation de leur belle-mère, Nicole Beaulieu, de leurs oncles Marc et Louis, et de leur tante Martine. C'est le centre de leur famille très unie qui a été frappé.

Les enfants Lapierre affirment d'une même voix que Jean et Nicole étaient encore amoureux fous après 27 ans d'union, et qu'ils étaient faits l'un pour l'autre. « Ils s'aimaient beaucoup, beaucoup. Ils s'adoraient. C'est particulier qu'ils soient partis ensemble. Des fois, je m'imagine un scénario où l'un meurt sans l'autre, et ça ne fonctionne pas du tout. Tu ne pouvais pas imaginer l'un sans l'autre », affirme Marie-Anne.

Jean fait la rencontre de Nicole dans un souper d'amis, environ un an après sa séparation d'avec sa première femme, survenue en 1989. Selon la légende, la sauce à spaghettis de Nicole aurait contribué à séduire le politicien connu pour sa gourmandise. « Je ne sais pas si c'est vrai ou pas ! » dit Marie-Anne en riant.

Les amoureux vivent à distance pendant environ une dizaine d'années. Tandis que Nicole demeure à Gatineau, où elle est criminologue dans un centre jeunesse, Jean vit à Granby, avant de s'installer à Outremont au milieu des années 1990. Nicole emménage avec lui à Montréal en 2001 lorsqu'elle entre à Loto-Québec pour s'occuper du délicat dossier du jeu responsable. De 2002 à 2010, elle est à la tête de la fondation Mise sur toi de la société d'État.

Pour les amis et les proches de Jean Lapierre, impossible de parler de lui sans évoquer Nicole. Le couple recevait souvent à déjeuner ou à souper, et tout le monde appréciait leur complicité. Mais ils étaient aussi très différents : Jean adorait les fruits de mer, pas Nicole. Elle fumait encore, alors qu'il avait arrêté depuis des années. Nicole était casanière, tandis que Jean aimait sortir et voir du monde. « Ils se complétaient bien », résume Jean-Michel.

Cet esprit de clan est de famille. « Les Lapierre, c'est une super belle gang, beaucoup, beaucoup d'amour, et de soucis pour l'autre », souligne Marie-Anne. Elle raconte comment son père a ainsi accueilli dans sa maison de Granby ses frères Marc et Louis et sa sœur Martine lorsqu'ils ont quitté les Îles-de-la-Madeleine pour aller étudier au cégep. La résidence familiale était alors située à proximité de l'établissement. « Pour mon père, les études, c'était très important », indique la jeune femme avec une vivacité et une énergie rappelant son paternel.

Pour les enfants de Jean, Marc Lapierre était comme un deuxième père. La proximité de leur oncle, qui habitait à Montréal, rendait les contacts plus faciles. « Marc avait la même énergie que notre père, la même intensité, la même soif de vivre », dit Marie-Anne. Il laisse dans le deuil sa conjointe, Carole Boudreau, et le fils de celle-ci, Étienne Mercier.

Marc Lapierre, qui était en charge des ventes de fibre optique au Québec pour la multinationale Corning, avait le cœur sur la main et était toujours prêt à rendre service à sa famille, à ses amis et à ses collègues. « Malgré un horaire chargé, il trouvait toujours du temps pour venir réparer des choses, poser des cadres », se souvient Jean-Michel, associé au cabinet Fasken à Montréal et spécialiste en droit des affaires. « Notre père n'était pas manuel du tout. »

Louis Lapierre, quant à lui, était camionneur et consacrait ses temps libres à sa grande passion, la moto. Il partageait ce plaisir avec sa fille Alexandra et pouvait rouler près de 20 000 kilomètres par année. Ses compagnons de route lui ont d'ailleurs rendu hommage en organisant une randonnée en son honneur dans les Laurentides, quelques semaines après son décès. Les enfants de Jean gardent de leur oncle le souvenir d'un « tannant avec un cœur immense » et d'un père aimant.

Martine Lapierre, ancienne enseignante de français et d'éducation physique, avait occupé différents postes en ressources humaines dans la fonction publique, notamment à Revenu Québec, avant de devenir directrice des ressources humaines au ministère de la Famille. Elle vivait à Québec avec son conjoint Rodrigue Brillant et leur fils Serguei, adopté en Russie. « C'était une femme et une mère extraordinaire », dit Marie-Anne, qui la voit comme un modèle. Enfin, Raymond Lapierre, le patriarche, était inséparable de sa femme Lucie Cormier. Cet ancien mécanicien tirait une grande fierté des accomplissements de ses enfants et de ses petits-enfants.

L'homme de cœur

Reconnu comme un rassembleur, Jean Lapierre n'était pas fait pour être seul, pas plus dans sa vie publique que dans sa vie privée. « Il voulait toujours être entouré de gens. Il carburait au monde », explique Marc Bruneau.

En 1997, alors dans la mi-vingtaine, Marc fait la connaissance de Jean Lapierre sur le parvis de l'église Saint-Viateur d'Outremont lors de funérailles. Ils discutent de politique et Jean lui prodigue le conseil qu'il donne – et qu'il donnera pendant des années encore – aux aspirants politiciens : « Tu fais de la politique quand tu es jeune et que tu n'as pas d'enfants ou quand tu es vieux et que tu as tout à donner. Entre les deux, il faut que tu fasses de l'argent. »

Au fil des ans, les deux hommes se lient d'amitié et deviennent très proches. « C'était un confident, un ami, et quelqu'un avec qui je pouvais échanger, notamment sur la politique », révèle Marc, toujours anéanti par cette perte.

Homme pieux, Jean Lapierre allait tous les dimanches à la messe à Bromont, en Estrie, et il prenait le temps de discuter avec ses concitoyens sur le perron de l'église. Il appréciait ce moment qui lui permettait de prendre le pouls du public. Il aimait aussi venir en aide aux autres, non seulement ses amis, mais également des inconnus. Chaque année, il habillait pour l'hiver un itinérant, Robert, qui avait ses habitudes près des studios de TVA. Il lui est même arrivé d'aider une mère de famille qui n'avait pas les moyens d'acheter un équipement de hockey à son fils.

Le tailleur Jean Gamache, de Granby, qui lui a confectionné son premier habit dans les années 1970, lui doit en partie son succès et sa popularité. Jean Lapierre parlait de son tailleur à tout le gratin politique et économique. Lucien Bouchard, Paul Arcand, Régis Labeaume, Pierre Karl Péladeau et de nombreux autres ont ainsi fait confiance à M. Gamache jusqu'à ce qu'il prenne sa retraite au printemps 2017, à 73 ans.

« Il y avait un seul Jean, il n'y avait pas deux Jean, souligne son ami Jean-Guy Goulet. Qu'il soit avec le premier ministre ou avec des amis ou des gens dans la rue, il était toujours le même. »

Selon Paul Houde, la marque qu'a laissée Jean Lapierre est là pour durer : « Peu de gens dans une vie sont irremplaçables. Jean était irremplaçable professionnellement et humainement, et je considère ceci comme encore vrai aujourd'hui. »

Sa disparition a mis en lumière la place importante qu'il occupait dans la vie du public et de ses amis. « Il a fallu son décès pour réaliser qu'il était un homme grand dans l'esprit des Québécois, estime Paul Larocque. Ça m'a confirmé que sa sincérité, son honnêteté, son grand talent ont été reconnus. »

Son décès subit a bouleversé la classe politique en entier. Chose peu fréquente dans ce métier, des membres de tous les partis politiques se confiaient à lui et l'écoutaient. À son contact les langues se déliaient, pour le plus grand bonheur de ce « potineur » hors pair. Il prenait ensuite un plaisir évident à raconter en ondes ses anecdotes, ses *scoops* et les jeux de coulisses. Ceux qui l'aimaient, et même ceux qui le détestaient, ne manquaient jamais ses interventions, marquées par son authenticité et sa personnalité chaleureuse. Jean Lapierre savait sonder l'âme québécoise et être à son diapason. Voilà pourquoi, en plus des politiciens, tant d'auditeurs et de téléspectateurs ont été si marqués par sa disparition. Cette connexion avec le peuple, qu'il mettra à profit toute sa vie, il va en faire l'apprentissage durant sa première carrière en politique.

Chapitre 2

L'ASCENSION D'UN POLITICIEN

Je leur donnerais le vieux conseil de Jean Chrétien : avant de sauter dans la piscine, assurez-vous qu'il y a de l'eau.

JEAN LAPIERRE

Jean Charles Lapierre est né le 7 mai 1956 à Bassin, sur l'île du Havre Aubert. Il apprend à lire et à écrire à la maison avant même d'aller à l'école, notamment grâce à l'aide d'Apolline, sa grand-mère paternelle. Élève doué, il commence son parcours scolaire dès la deuxième année et saute sa huitième année. Aîné de cinq enfants, il fait ses études à la polyvalente de Lavernière aux Îles-de-la-Madeleine. En 1969, il remporte le titre de la plus belle personnalité de son école.

Très rapidement, Jean prend goût à la politique. En 1971, il organise la première manifestation étudiante de l'histoire des Îles. Son but ? Convaincre la commission scolaire de nommer un orienteur à temps plein à la polyvalente. Sur les rares photos de cet événement, qui a eu lieu le 24 novembre de cette année-là, on découvre un Jean Lapierre aux cheveux longs et à l'air un peu rebelle, ouvrant la marche en tant que président de l'association étudiante.

Yvon Cormier, son compagnon de classe de l'époque, rappelle que c'est Jean qui avait eu l'idée d'organiser la manifestation d'un jour. Selon le journal local, *Le*

Madelinot, le rassemblement comptait 1300 élèves. Un véritable succès. « Il était très dynamique et il défendait les droits des élèves. C'était un bon orateur. La politique, il l'avait déjà très jeune », se souvient Yvon Cormier, qui vit maintenant en Gaspésie.

Le journal local relate que les élèves ont marché « sous un vent froid[1] » jusqu'aux bureaux du président de la commission scolaire, mais sans pouvoir le rencontrer. La mobilisation a tout de même porté ses fruits. Un an plus tard, la direction de la polyvalente se dote d'un conseiller pour orienter les jeunes finissants qui doivent quitter les Îles pour aller étudier au cégep[2]. La première tentative militante de Jean Lapierre s'avère une réussite totale.

Le jeune homme découvre alors le pouvoir de la mobilisation, mais aussi les inconvénients qui l'accompagnent. Dans une entrevue accordée au magazine *L'actualité* en 2002, il raconte que ses parents n'ont pas apprécié sa participation à la grève étudiante. « Maman était gênée d'aller faire l'épicerie à la coopérative », raconte-t-il.

Un premier voyage à l'étranger

Après avoir terminé son secondaire, ne sachant pas dans quelle branche se diriger au cégep, il met le cap sur la Californie. Sa tante Marthe, qui vit alors là-bas depuis un moment, répète souvent cette phrase : « Vous êtes bienvenus en aucun temps. » Le jeune finissant décide d'y voir une invitation et part aux États-Unis pour aller y apprendre l'anglais.

---

1. *Le Madelinot*, 15 décembre 1971, p. 17.
2. Un campus collégial a finalement ouvert ses portes aux Îles-de-la-Madeleine en 1983.

Pendant une année, Jean Lapierre étudie au Mira Costa High School, tout en travaillant les fins de semaine dans un restaurant chic, à Manhattan Beach, comme voiturier. L'étudiant adore sa première expérience à l'étranger.

De retour aux Îles-de-la-Madeleine, il a l'idée de repartir en voyage, au Mexique cette fois, pour aller apprendre l'espagnol. Mais il choisit finalement de passer la belle saison à travailler au camping familial de son ami Paul Hébert, sur le bord de l'eau à Havre Aubert.

De son propre aveu, c'est sur cette plage qu'il a fait les choix les plus marquants de sa vie. « Quand je veux me ressourcer, c'est là que je reviens, confie-t-il en entrevue dans un journal local. D'ailleurs, toutes les grandes décisions de ma vie, je les ai prises en marchant sur la plage, en bas du camping chez Raymond Hébert[3]. » Dans cet entretien, il évoque aussi l'enfance remplie d'amour qu'il a vécue aux Îles et qui lui procure de merveilleux souvenirs.

À la fin de l'été, Jean Lapierre décide de suivre Paul Hébert, qui a été accepté au cégep de Granby en tourisme. Il opte pour sa part pour des études en sciences humaines.

La marmite politique

En arrivant à Granby, il se rend au premier restaurant qu'il aperçoit en descendant de l'autobus : le Delicatessen, rue Principale. Il devient rapidement un habitué, et il y amènera même plus tard ses enfants. « C'était un homme fidèle et loyal en tout, affirme Marie-Anne. Et cette anecdote l'illustre bien. Il continuait d'aller à ce restaurant

3. *Le Radar*, 29 juillet 2005, p. 9.

lorsqu'il venait dans le coin.» D'ailleurs, lorsqu'ils sont de passage, elle et Jean-Michel y vont encore aujourd'hui en pèlerinage.

Peu de temps après son arrivée, Jean Lapierre se trouve un emploi dans un magasin de chaussures. Le jeune commis rivalise d'imagination pour aider la clientèle. Pour soulager certaines clientes souffrant d'oignons aux pieds, il va jusqu'à assouplir le bout de leurs souliers à coups de manche à balai !

C'est dans sa ville d'adoption que le jeune Lapierre tombe dans la marmite de la politique. Dans le cadre d'un cours, lui et des amis invitent à leur appartement les candidats locaux aux élections provinciales de 1973. Après les avoir interrogés sur leurs programmes, les jeunes collégiens sont emballés et décident de s'impliquer dans la campagne. Jean se lie alors d'amitié avec un des candidats, le libéral Richard Verreault, allant même jusqu'à l'appuyer dans sa course.

Le Madelinot réussit à susciter l'intérêt d'étudiants au cégep de Granby en faveur du candidat libéral. Des organisateurs remarquent ses qualités, et après l'élection, deux adjointes de Richard Verreault vantent ses talents de rassembleur et d'organisateur à Pierre Bibeau, le responsable des jeunes libéraux provinciaux. Ce dernier demande alors à rencontrer Jean. « Il est arrivé au bureau et il était gêné. Il ne parlait pas beaucoup – ç'a changé après ça ! – mais j'ai tout de suite senti que c'était un gars qui livrait la marchandise.» À la suite de leur rencontre, Pierre Bibeau lui propose de prendre en charge les jeunes libéraux provinciaux dans la circonscription de Shefford.

Une offre déterminante

Jean Lapierre ne s'attarde que quelques mois à la politique provinciale. Rapidement, il prend la tête de l'aile jeunesse du Parti libéral du Canada. Avant les élections fédérales de 1974, il fait la rencontre d'André Ouellet, alors ministre des Postes, et le convainc de participer à une activité politique organisée à Granby. La popularité du candidat local Louis-Paul Neveu est relativement basse, et le ministre n'a pas de grandes attentes à l'égard du nouveau venu, malgré toutes ses tentatives pour impressionner l'état-major libéral.

André Ouellet se souvient encore très bien de l'événement. « À ma grande surprise, la salle était bondée. Et non seulement c'était rempli, mais en plus ils avaient même mis des tables dans le corridor attenant à la salle », s'étonne-t-il. Épaté, il demande à rencontrer l'organisateur. « Et c'est là qu'on m'a présenté Jean Lapierre. »

Le ministre libéral, impressionné par le jeune homme, cherche à connaître ses plans d'avenir. Le jeune Lapierre lui dit qu'il compte étudier le droit à Ottawa. « Aussitôt que tu arrives à Ottawa, tu m'appelles et tu auras un emploi à temps partiel à mon bureau », lui offre André Ouellet. L'étudiant s'empresse d'accepter.

La proposition s'accompagne d'une seule condition : il doit réussir ses études. Plus encore, il doit montrer ses relevés de notes à André Ouellet. « Dans la vie, il faut que tu aies un diplôme. Si tu ne réussis pas tes examens, je te fous à la porte », lui dit le ministre. Comme il l'admettra plus tard, Jean Lapierre n'aurait peut-être jamais fini ses études en droit sans cette obligation de résultats.

Dans le bureau de la résidence où il vit, à Ottawa, André Ouellet se plonge avec fierté dans des articles de journaux relatant les premiers exploits d'organisateur de Jean Lapierre qu'il a soigneusement conservés. Il s'anime lorsqu'il parle de ces belles années en politique, ponctuant ses souvenirs d'éclats de rire. Un épisode l'a particulièrement marqué : en 1977, le jeune Lapierre loue 27 autobus pour emmener des commettants[4] d'André Ouellet – qui représente alors la circonscription montréalaise de Papineau – en visite à Ottawa. Mais le Madelinot est surpris par la popularité de son événement : il n'y a pas assez d'autobus pour les 4000 personnes intéressées !

« Il avait un don d'organisateur et un dynamisme incroyable, relate l'ancien ministre. C'était un diamant brut. C'est certain que ce petit gars-là avait un talent extraordinaire, et ça paraissait dans sa personnalité, dans sa façon de s'exprimer et de se présenter. »

En 1976, après avoir démissionné dans la controverse de son poste de ministre de la Consommation et des Corporations, André Ouellet redevient simple député[5]. Plutôt que d'accepter de travailler pour un autre ministre, Jean Lapierre lui demeure fidèle et le suit dans sa circonscription. Le jeune adjoint voit son salaire diminuer de moitié. Mais, quelques mois plus tard, quand Ouellet retrouve un ministère, cette fois aux Affaires urbaines, il devient à 21 ans le plus jeune chef de cabinet de l'histoire politique canadienne.

---

4. Les commettants sont les personnes au nom desquelles les élus exercent le pouvoir. Ce sont ici des gens qui habitent la circonscription de Papineau.
5. André Ouellet doit quitter le cabinet Trudeau pour avoir commis un outrage au tribunal en commentant la décision d'un juge sur ce qu'on appelle alors le cartel du sucre.

Le secret de son succès

Plongé rapidement dans l'action, Jean Lapierre se révèle un joueur important de l'équipe libérale. Il ne restera évidemment pas longtemps dans les coulisses du pouvoir. En 1978, il prépare une liste de candidats potentiels aux élections qu'il envoie à André Ouellet. La liste lui est retournée, et tous les noms sont biffés, mais il y découvre la question suivante : « Pourquoi pas toi ? » Interloqué, il commence à y réfléchir. Son ami Luc Normandin se souvient du moment où il choisit de faire le saut en politique.

« Jean n'était pas certain. Il a dit à M. Ouellet que ce n'était peut-être pas une bonne idée de se présenter à tout juste 21 ans, en étant encore aux études. Puis, M. Ouellet lui a répondu que ça leur prenait du sang neuf », raconte l'organisateur, attablé dans un café de Magog. Luc Normandin a gardé des coupures de presse relatant les premiers pas en politique de son ami. Sur une page du quotidien *La Voix de l'Est* publié le lendemain de la première élection de Lapierre comme député, on voit le nouvel élu, perché sur les épaules de deux personnes, en train de saluer ses partisans.

Luc Normandin n'est pas peu fier du travail qu'il a accompli avec Jean Lapierre à ses débuts. Depuis 1962, la circonscription de Shefford était détenue par le créditiste Gilbert Rondeau, avec un court intermède libéral de 1965 à 1968. Lapierre abandonne son emploi au cabinet d'André Ouellet afin de se lancer dans la course à l'investiture libérale. Ce n'était pas gagné d'avance. « Tout le monde voulait être candidat libéral fédéral pour [Pierre Elliott] Trudeau. Rien que pour la course à l'investiture, ç'a été une dure campagne », raconte Luc Normandin. Le tour de force est réussi : Jean Lapierre parvient à récolter les signatures de

1000 des 1300 membres de l'association libérale, ce qui lui permet de devenir le candidat officiel le 12 mars 1978.

Les observateurs s'attendent à ce que les élections aient lieu au printemps 1978, mais elles ne se tiennent finalement que le 22 mai 1979. Aux yeux de Lapierre, la campagne n'en finit plus. Durant cette période, ses amis et ses proches mettent la main à la pâte pour l'aider. Le candidat libéral dans Shefford en profite pour faire le tour de sa grande circonscription et pour aller à la rencontre des électeurs.

Illustre inconnu, Lapierre est la cible de plusieurs critiques, dont celles de Gilbert Rondeau. Son adversaire doit se présenter à titre de candidat indépendant, car il a été banni du parti créditiste après avoir purgé cinq mois de prison pour fraude à l'assurance-chômage. Après avoir été attaqué sur sa jeunesse par Rondeau, le jeune politicien lui sert cette réplique assassine: « J'aime mieux sortir de l'université que de prison[6]. » Afin de faire taire les commentaires sur son âge, il prend les grands moyens. « Il s'est fait pousser une moustache! Ça l'a vieilli un peu, ricane Luc Normandin. Ça lui donnait un air sérieux! »

Jean Lapierre a beaucoup de temps devant lui et s'impose un rythme de travail soutenu: visiter sept à huit endroits tous les jours et donner des centaines de poignées de main chaque soir, hiver comme été. Il le veut, son siège de député: « Je me rappelle un soir en février, à Roxton, confie-t-il en 1992. Il y avait un vent froid qui courait sur le lac et ça me remontait le long de la colonne, sous mon manteau... Mais rien ne m'arrêtait, j'avais un désir de vaincre incroyable[7]. »

6. *La Voix de l'Est*, 25 juillet 1992, p. 5.
7. *La Voix de l'Est*, 25 juillet 1992, p. 6.

La longueur de la campagne recèle des avantages. Elle lui permet de finir son barreau, ce qui se concrétise par l'obtention d'un diplôme le 7 mai 1979, le jour de son anniversaire. Confiant en ses moyens, Jean Lapierre se permet même de filer avant la fin de l'examen, dès qu'il sent qu'il va avoir la note de passage. Il n'a qu'une idée en tête : poursuivre le porte-à-porte dans les derniers jours de sa première campagne électorale.

Le jeune diplômé se marie dix jours plus tard, le 17 mai 1979, avec la jeune avocate Gabrielle Choinière. Le 22 mai suivant, il devient le plus jeune député jamais élu à la Chambre des communes[8].

L'histoire ne dit pas si la moustache l'a vraiment aidé, mais le Madelinot de 23 ans bat son plus proche adversaire, le conservateur Gérald Scott, par plus de 14 000 voix. Vaincre un candidat que Joe Clark voyait déjà comme ministre est un véritable exploit pour un jeune politicien peu connu du public. « Je ne m'attendais pas à une telle majorité », se réjouit-il dans une entrevue au *Journal de Montréal* le soir de sa victoire.

La fièvre du premier soir

Même s'il remportera encore six autres élections, Jean Lapierre ressent une émotion incomparable le soir du 22 mai 1979. « Ça a été mon meilleur moment, le soir de la victoire[9] », assure-t-il en juillet 1992, alors qu'il fait le bilan de sa première vie politique dans *La Voix de l'Est*. Son

8. Titre que le néo-démocrate Pierre-Luc Dussault lui ravit en 2011.
9. *La Voix de l'Est*, 25 juillet 1992, p. 6.

mentor politique, André Ouellet, est ému en y repensant. « J'étais très fier de sa victoire, c'était un triomphe magnifique. »

Aux Îles-de-la-Madeleine, son élection ne passe pas inaperçue. La famille Lapierre exulte de fierté.

Dans son édition du 30 mai 1979, l'hebdomadaire local *Le Radar* félicite Jean pour sa victoire et lui souhaite un franc succès à Ottawa : « Monsieur Lapierre est arrivé aux Îles jeudi dernier pour passer des vacances avec sa famille. Il avait l'air fatigué, mais heureux[10]. »

Jean Lapierre entame sa carrière de député dans l'opposition. Le conservateur Joe Clark vient en effet d'être élu à la tête d'un gouvernement minoritaire, mettant fin ainsi aux 11 ans de règne de Pierre Elliott Trudeau. Dans son discours inaugural à la Chambre des communes[11], Lapierre saute sans tarder dans le ring politique en critiquant la « faiblesse » du gouvernement « asthmatique » de Joe Clark.

Souvent bouillant lors des débats en Chambre, le jeune député doit apprendre à gérer ses élans partisans. Suivant les conseils d'un sénateur d'un âge vénérable, il met bien en vue sur son bureau une note constituée d'un seul mot : « calme ». Cela lui sert de rappel afin de mesurer ses propos et d'éviter de s'emporter sans raison.

Cette première expérience de député ne dure que sept mois. Le gouvernement minoritaire conservateur est défait lors d'un vote sur le budget, et Lapierre doit repartir en campagne électorale au beau milieu de l'hiver. À la suite de la chute du gouvernement Clark, Pierre Elliott Trudeau,

10. *Le Radar*, 30 mai 1979, p. 7.
11. Discours prononcé le 11 octobre 1979.

qui venait tout juste de démissionner de son poste de chef libéral, revient sur sa décision. Il mène ses troupes à la victoire et remporte 34 sièges de plus qu'aux élections précédentes, formant un gouvernement majoritaire.

Jean Lapierre est facilement réélu dans Shefford avec plus de 22 000 voix d'avance. Cette fois, il a quatre ans pour faire ses classes comme élu dans le gouvernement de Trudeau, le chef qu'il a le plus admiré durant toute sa carrière politique, dira-t-il plus tard.

Les origines d'une tradition

Au début des années 1980, Jean Lapierre a une idée pour amasser des fonds: organiser des soupers au homard. Ce Madelinot aux racines profondes – ses ancêtres paternels et maternels se sont installés aux Îles entre les années 1760 et 1790 – en profite pour faire découvrir «le meilleur homard» aux militants de l'Estrie. Et ça fonctionne. De 300 à 500 personnes participent à ce rassemblement annuel. «On amassait de 25 000 à 30 000 dollars», clame fièrement son organisateur de circonscription Luc Normandin. L'association libérale de Shefford parvient ainsi à garnir ses coffres et atteint les 2500 membres, devenant ainsi l'une des plus grosses associations du parti dans tout le pays.

Cette formule de collecte de fonds dure jusqu'en 1992, année où Lapierre quitte la politique. L'événement ne disparaît pas mais devient ensuite un véritable *happening* politique annuel. À la fin mai, Lapierre offre le homard à ses invités, dont plusieurs sont des amis qu'il a talonnés pendant longtemps pour obtenir des contributions financières. En échange, les invités paient le vin, qui coule à flots. Des politiciens de tous horizons, des conseillers et des chroniqueurs se rassemblent ainsi autour d'une montagne de homards des Îles-de-la-Madeleine. Lucien Bouchard, Mario Dumont, Paul Martin, Gilles Duceppe, Michel C. Auger et Chantal Hébert sont des habitués. Robert Bourassa et Alfonso Gagliano viennent aussi à quelques reprises.

Jean Lapierre s'investit à fond dans la préparation de ce souper annuel. Pour ses enfants, cet événement est entouré d'une aura de mystère. « C'était une grosse affaire. Il mettait énormément d'énergie dans [cet événement], dans la liste des invités, entre autres, observe sa fille. Il était organisateur dans l'âme. Il le faisait en politique, dans ces soupers et dans la vie de famille. Il planifiait tout. »

Comme l'explique Lucien Bouchard, Lapierre organisait ces soupers dans un esprit « arc-en-ciel » : « Il amenait ces gens à fraterniser, bien qu'ils puissent avoir des opinions politiques différentes et des projets différents. Il avait une facilité à asseoir tout le monde autour d'une même table et à créer une empathie entre les gens, même ceux qui étaient des adversaires. C'est un don qu'il avait. »

La tenue de ces fameux *partys* est révélée au public en 2001 par la chroniqueuse du *Toronto Star* Chantal Hébert. Une rumeur enflamme alors le milieu politique : Lucien Bouchard, assis près de Mario Dumont cette année-là, conseillerait le jeune chef adéquiste. L'information est démentie rapidement, mais l'écho médiatique qui s'ensuit illustre bien toute l'importance de cet événement, prisé par le gratin politique et journalistique.

Maintenant que l'existence du *party* est exposée au grand jour, Jean Lapierre est forcé de revoir ses plans. Il opte pour quelque chose de plus intime. Plutôt que de réunir plus d'une centaine de personnes dans un restaurant, il reçoit chez lui une trentaine d'amis une à deux fois par année.

Après sa mort, ses amis décident de contribuer, en sa mémoire, au souper au homard annuel qu'organise la Fondation Madeli-Aide sur le bateau *CTMA Vacancier*. Fondé en 1997 par Jean Lapierre et d'autres Madelinots, cet organisme aide les jeunes des Îles qui doivent s'expatrier pour leurs études supérieures. Une bourse d'excellence est même mise sur pied en mémoire de l'ancien politicien et commentateur[12]. Son ami Marc Bruneau est un des responsables de la collecte de fonds qui permet de perpétuer la tradition.

La meilleure *job* d'été

Entre 1981 et 1984, Jean Lapierre assiste plusieurs ministres en tant que secrétaire parlementaire. En janvier 1983, au nom du secrétaire aux Affaires extérieures, il se rend au Lesotho, un État d'Afrique australe entièrement enclavé dans l'Afrique du Sud, pour annoncer une aide financière canadienne aux travaux de réfection d'une ligne ferroviaire menant au Mozambique[13]. C'est une bonne façon pour lui de se faire les dents à l'exercice du pouvoir.

Durant cette période, il apprend aussi à concilier sa vie politique avec son nouveau rôle de père. Ses enfants

12. Chaque année, une bourse de 10 000 dollars sur trois ans est offerte à un jeune Madelinot qui doit s'expatrier pour suivre des études universitaires de premier cycle. En juin 2018, Québecor et Cogeco ont annoncé une contribution conjointe de 100 000 dollars sur cinq ans au Fonds Jean-Lapierre. Les amis de Jean et sa famille ont également contribué au Fonds, en assurant ainsi sa pérennité.
13. Ministère des Affaires extérieures, *Hebdo Canada*, vol. 11, nº 10 (9 mars 1983), p. 4.

Marie-Anne et Jean-Michel naissent respectivement en 1981 et en 1983. Il embrasse cette nouvelle aventure en les emmenant dans les soupers spaghettis, les déjeuners-causeries ou à son local électoral. Les bénévoles du député côtoient régulièrement ses jeunes enfants.

Marie-Anne se souvient qu'à cette époque, son père a déjà une passion pour la bonne bouffe. « Il allait tellement au resto que quand ma mère a accouché de moi – [ça] a duré je ne sais pas combien d'heures – il est allé manger au resto pendant le travail avec ma grand-mère maternelle ! Il n'allait pas à la cafétéria de l'hôpital », lance-t-elle en riant.

Le 30 juin 1984, Jean Lapierre obtient son premier portefeuille de ministre. John Turner, qui vient de succéder à Pierre Elliott Trudeau comme chef libéral et premier ministre désigné, lui donne sa chance. « En 10 ans, il a été un des plus jeunes chefs de cabinet, un des plus jeunes députés et le plus jeune ministre. C'est très impressionnant comme parcours », insiste son mentor André Ouellet. À 28 ans, il devient le plus jeune ministre de l'histoire parlementaire canadienne[14]. Il est nommé secrétaire d'État à la Jeunesse, à la Condition physique et au Sport amateur, un ministère dont il avait lui-même suggéré la création avec le sénateur Jacques Hébert en 1983. Lapierre militait alors pour que les questions liées à la jeunesse bénéficient d'un portefeuille politique à part entière.

Jean Lapierre ne conserve ce poste qu'un peu plus de deux mois puisque le gouvernement Turner est défait en septembre 1984. « Une vraie *job* d'été », blague-t-il souvent. Son ami Bernard Poulin rigole en évoquant ce bref

---

14. Titre que lui ravit deux ans plus tard Jean Charest, qui a été son voisin de circonscription à Sherbrooke.

intermède. Un jour, Jean a voulu lui montrer sa limousine lors d'une visite éclair. « Il arrive et il cogne à la porte. Il me dit : "C'est juste pour te montrer." Ce ne fut qu'un rêve ! » dit Bernard Poulin en éclatant de rire.

Luc Normandin s'amuse en pensant au peu de temps que l'équipe a eu pour se constituer autour du ministre. « Moi, j'ai été nommé adjoint du ministre. J'ai réaménagé mon bureau à Ottawa, mais je n'ai même pas eu le temps de me faire faire des cartes d'affaires ! »

Jean Lapierre est passionné par son travail et profite de chaque instant. Il se rend aux Jeux olympiques de Los Angeles en 1984, où le Canada enregistre ses meilleurs résultats – avec une récolte de 44 médailles, dont 10 d'or –, en bonne partie en raison du boycott de l'URSS. C'est l'occasion pour lui de se rappeler son séjour en Californie et d'organiser un souper officiel dans le chic restaurant où il travaillait quand il habitait chez sa tante.

Ministre pendant seulement 78 jours, Jean Lapierre n'a pas le temps de multiplier les accomplissements. Il rencontre à quelques reprises les organisateurs des prochains Jeux olympiques, qui doivent se tenir à Calgary en 1988. Il amorce aussi des discussions avec le ministre des Finances du Québec de l'époque, Jacques Parizeau, en vue de dissoudre la loterie fédérale et de confier ce pouvoir aux provinces. Les médias ne font pas mention d'autres faits d'armes marquants pendant cette période.

Son siège en péril

Rien n'oblige le premier ministre Turner à déclencher les élections avant 1985, mais des sondages internes le placent en tête des intentions de vote, ce qui l'incite à appeler les Canadiens aux urnes le 4 juillet 1984. Jean Lapierre doit lancer sa campagne en plein été, à peine une semaine après avoir été nommé ministre.

Cependant, ses nouvelles fonctions l'occupent à un point tel qu'il met son siège de Shefford en péril. À deux semaines du scrutin, alors qu'il est à Calgary, ses organisateurs l'appellent pour l'avertir que son avance fond comme neige au soleil. Il revient à la maison de toute urgence et reprend le porte-à-porte. Le 4 septembre 1984, John Turner est battu par les conservateurs de Brian Mulroney. Jean Lapierre est réélu, mais avec une majorité bien maigre, seulement 2400 voix comparativement à plus de 9000 lors de l'élection précédente. Avec Jean Chrétien, il fait partie de la quinzaine de libéraux à avoir survécu à la vague conservatrice au Québec.

Jean Charest, élu pour la première fois lors des élections de 1984, salue son exploit et sa résistance au raz-de-marée bleu qui a entraîné l'élection de 58 députés conservateurs au Québec. « Il n'a pas survécu par accident, ce n'était pas par coïncidence. C'est parce qu'il avait du talent », soutient celui qui l'a côtoyé pendant 30 ans, notamment en tant que premier ministre du Québec.

Les enfants de Jean Lapierre le confirment : si leur père a gagné toutes ses élections, ce n'est pas pour rien. « Il travaillait fort pendant les campagnes. C'était toute une histoire, les élections », dit Marie-Anne. Toute la famille élargie y participe, que ce soit pour passer des coups de téléphone, pour faire le porte-à-porte ou pour installer des pancartes électorales.

Dès son premier mandat, Lapierre instaure des traditions pour gagner le cœur de ses électeurs. Il envoie à ses commettants un calendrier annuel avec des photos de sa famille, et il s'entend avec la paroisse pour que des cartes de félicitations ou de condoléances soient envoyées à toutes les familles lorsqu'il y a des funérailles, un baptême ou un mariage. « Les gens l'accrochaient dans la rue pour le remercier pour la carte. Il ne savait pas si c'était pour des funérailles, pour un baptême ou pour un mariage ! Il répondait alors : "Une petite pensée dans ces occasions-là !" Il avait trouvé la formule parfaite ! » s'esclaffe Marie-Anne.

Le « *rat pack* »

Même s'il est réélu en 1984, la défaite est cinglante pour les libéraux, et Jean Lapierre doit apprendre la vie de député dans l'opposition. Son amitié avec son collègue Jean-Claude Malépart lui permet de tenir le coup.

Plusieurs élus sont ébranlés et font profil bas. Mais un groupe de jeunes députés du Parti libéral du Canada (PLC) refuse de laisser toute la place dans l'arène au Nouveau Parti démocratique (NPD) qui, avec 30 élus, compte seulement 10 députés de moins que le PLC. Ces membres de l'opposition libérale décident de créer une équipe féroce afin de pourfendre le gouvernement de Brian Mulroney. Jean Lapierre en fait partie, avec Don Boudria, Sheila Copps, John Nunziata et Brian Tobin.

Un journaliste les surnomme le « *rat pack* » en raison de leurs questions redoutables et parfois vicieuses, notamment au sujet des nominations partisanes. Même si les conservateurs jouissent d'une écrasante majorité avec 211 députés, le « *rat pack* » réussit à déterrer des scandales qui entraînent la démission de quelques ministres. Sheila Copps se souvient que l'équipe se réunissait pour préparer la période de questions et trouver les dossiers qui pourraient embarrasser le gouvernement. « C'était une bonne chance de se faire valoir. Nous étions de six à dix qui prenions la parole tous les jours à la Chambre des communes. »

Jean Charest n'a pas oublié la fougue de ce groupe de jeunes députés. Jean Lapierre « nous en a fait baver au gouvernement à la période de questions », souffle l'ancien ministre conservateur.

« Goodbye Charlie Brown ! »

Sheila Copps se remémore un coup d'éclat organisé par Jean Lapierre et Jean-Claude Malépart en juin 1985. Les deux députés libéraux aident une sexagénaire de Montréal, Solange Denis Loranger[15], à se rendre à une manifestation organisée à Ottawa contre la réforme des pensions de vieillesse proposée par le gouvernement Mulroney. Les deux complices s'arrangent pour que la femme se retrouve au premier rang de la centaine de manifestants réunis afin d'interpeller Brian Mulroney à son arrivée au Parlement.

Postée devant les caméras et armée d'une pancarte sur laquelle on pouvait lire « Mulroney, où sont tes promesses ? », la minuscule dame – mesurant à peine 4 pieds 4 pouces – apostrophe le premier ministre canadien : « Tu as dit : "Je ne toucherai à rien". Tu nous as menti ! Tu nous as fait voter pour toi, pis là, *Goodbye Charlie Brown !* Touche pas à nos pensions ! »

15. La dame est décédée en 2004.

Le premier ministre, alors en poste depuis seulement quelques mois, tente d'amadouer la dame, mais sans succès. Le fameux « Goodbye Charlie Brown ! » fait le tour du pays et marque un moment décisif dans le débat. Quelques jours plus tard, le gouvernement Mulroney recule et renonce à désindexer les pensions de vieillesse.

Sheila Copps révèle l'implication de Jean Lapierre dans cette mise en scène. « Jean était derrière tout ça avec Jean-Claude Malépart. Les gens pensent qu'elle était là par hasard, mais c'était un hasard bien planifié. »

Le jeune député de Shefford s'amuse aussi à poser des questions à Lucien Bouchard, qui a successivement été Secrétaire d'État du Canada, ministre de l'Environnement et lieutenant du Québec dans le gouvernement Mulroney. Lucien Bouchard « était intarissable et ses réponses nous donnaient des munitions pour continuer à le tourmenter[16] », raconte Jean Lapierre dans *Confessions post-référendaires*, un livre coécrit avec Chantal Hébert. Lucien Bouchard est alors loin de se douter que, moins de deux ans plus tard, il fonderait un nouveau parti avec cet adversaire si tenace.

En dépit de l'opposition féroce de Jean Lapierre à la Chambre des communes, Brian Mulroney garde de lui le souvenir d'un homme d'exception. « Il était un vrai gentleman de la politique. Tout en étant agressif et partisan, il était totalement dépourvu de mesquinerie, reconnaît l'ancien premier ministre du Canada de 1984 à 1993, dans les heures qui suivent le décès de Jean Lapierre. Il était brillant,

16. Chantal Hébert et Jean Lapierre, *Confessions post-référendaires: Les acteurs politiques de 1995 et le scénario d'un oui*, Montréal, Les Éditions de l'Homme, 2014, p. 262.

habile, bourré de talent. Ça se voyait sur le parquet de la Chambre des communes[17]. »

Le roi de la *clip*

À cette époque, Jean Lapierre est surnommé par plusieurs « le roi de la *clip* ». Il prépare ses interventions avec le « *rat pack* » aux Communes en gardant une chose essentielle en tête. « Il me racontait ses techniques de questions, confie Paul Larocque. Il disait que la question, ce n'est pas important. La dernière phrase, c'est ça qui passe aux nouvelles. Le sens de la *clip*, c'est là qu'il l'a développé et perfectionné. Et ça lui est resté toute sa vie. Il disait qu'il était payé pour faire aller son côté baveux, et Dieu sait qu'il était formidable là-dedans. »

« C'était le roi de la clipette et moi je n'aimais pas ça », s'agace quant à elle la chroniqueuse Chantal Hébert. Cela ne l'empêchera toutefois pas de devenir une de ses meilleures amies quelques années plus tard.

En novembre 1985, Jean Lapierre fait les manchettes des quotidiens anglophones du pays lorsqu'il somme le ministre conservateur responsable des Petites Entreprises, André Bissonnette, « d'arrêter de putasser », et ce, à la Chambre des communes. L'échange acrimonieux entre les deux élus survient lors d'un débat sur la construction d'une usine automobile à Bromont.

Le franc-parler de Jean Lapierre est remarqué par ses collègues et les médias du Canada anglais. Durant quelques jours, le quotidien anglophone *The Gazette* consacre plusieurs articles à ses propos, qui sont également dénoncés par

---

17. Entrevue de Brian Mulroney avec Pierre Bruneau, LCN, 30 mars 2016.

certains députés conservateurs. Lapierre, loin de s'excuser, fait valoir que l'utilisation de la langue populaire, la langue de la rue, est l'une des meilleures façons de bien représenter ses concitoyens. Sa marque de commerce était née.

Une période difficile

À l'automne 1986, Lapierre s'érige en défenseur de John Turner, dont le leadership est contesté en raison d'une baisse de popularité dans les sondages. Déçu de son chef, le député Jean Chrétien claque la porte et alimente la division au sein du parti. Lapierre accuse alors les pourfendeurs de Turner d'être des « couillons[18] ». Décidé et loyal, il prend la tête du clan de délégués du Québec réunis dans le groupe appelé Friends of John Turner et travaille 14 heures par jour pendant des semaines durant pour convaincre les libéraux de se ranger derrière leur chef. Pendant ce temps, le clan de Jean Chrétien, qui souhaite devenir calife à la place du calife, continue de s'activer. Finalement, les efforts de Lapierre portent leurs fruits. John Turner obtient la confiance de ses troupes, avec un taux d'appui de 76 %, et va demeurer chef jusqu'en 1990.

Pendant cette période, le jeune député traverse des moments difficiles dans sa vie personnelle. Il se sépare de sa femme, Gabrielle Choinière, en 1989. Mais, comme il l'explique dans *La Voix de l'Est* en 1992, cet échec n'est pas uniquement lié à la politique. « C'est trop facile de dire "c'est le prix de la politique". J'aurais été en droit que j'aurais été aussi ambitieux et [que] j'aurais travaillé autant.

18. *La Presse*, 26 septembre 1986, p. B1.

J'aurais été livreur de pizza que ç'aurait été pareil. C'est ma nature, je suis zélé[19]. »

Ses enfants, Marie-Anne et Jean-Michel, sont alors âgés de huit et six ans. Ils vivent chez leur mère et visitent leur père une fin de semaine sur deux. Jean doit emménager dans un petit appartement à Granby avec quelques effets personnels. L'apprentissage de sa nouvelle vie lui donne l'occasion de redécouvrir ses enfants. Il doit maintenant s'en occuper seul lorsqu'ils sont avec lui. « Je réalise maintenant que notre père, pour un homme de sa génération, savait bien s'occuper de nous, car on n'était pas si vieux quand nos parents se sont séparés. Il s'est bien investi dans ce rôle-là », analyse Marie-Anne.

Le mois de juillet est l'occasion pour les enfants de passer du temps avec leur père en vacances aux Îles-de-la-Madeleine. Jean loue un chalet près de la mer et en profite pour visiter ses parents. Les gros *partys* de famille sur la plage, où toute la parenté des Îles est réunie pour chanter et s'amuser, sont gravés dans la mémoire des enfants, sans compter les légendaires linguines aux fruits de mer de leur père. « Le rassemblement, c'était important pour lui », souligne Jean-Michel.

À la maison comme en vacances, tous les mélanges sont permis : politiciens, collaborateurs et famille se côtoient. « Il voulait que la table soit pleine, que la maison soit pleine, et ça marchait », renchérit Marie-Anne.

En plus de ses séjours aux Îles, Jean Lapierre organise également tous les ans une fin de semaine dans un chalet avec ses parents – tant que leur santé le leur permet –, tous ses frères et sœurs, les enfants et les petits-enfants à partir

19. *La Voix de l'Est*, 25 juillet 1992, p. 7.

de la fin des années 1990. Tout le monde, sans exception, y participe. « C'était important et chaque année à la fin du séjour, la date était choisie pour l'année suivante. Je comprends maintenant l'importance de ça. C'est très précieux », confie Marie-Anne.

La boucle constitutionnelle

La question constitutionnelle est au cœur de l'engagement politique de Jean Lapierre. En 1982, il va jusqu'à Londres pour défendre le rapatriement de la Constitution au Canada, alors qu'une forte majorité au Québec s'y oppose. La Belle Province n'a d'ailleurs jamais signé cette entente. Louis Duclos, le seul député libéral fédéral du Québec à avoir voté contre la Loi constitutionnelle de 1982[20], a bien tenté de convaincre Lapierre de suivre son exemple. Quelques semaines avant le vote, il le rencontre pour sonder ses intentions. « Il m'a dit avec un air triste qu'il ne pouvait pas faire ça à André Ouellet », déplore l'ancien député de Montmorency-Orléans, qui estime que Lapierre a manqué de courage, peut-être par craintes de représailles.

Malgré sa dissidence, Louis Duclos n'a jamais été expulsé du caucus libéral par Trudeau. « Il faut voir les choses telles qu'elles sont : je pense que Jean pensait plus à lui qu'au Québec », affirme celui qui est devenu souverainiste une dizaine d'années plus tard.

20. Le 2 décembre 1981, lors du vote aux Communes sur la résolution constitutionnelle du gouvernement Trudeau, Louis Duclos vote contre par principe, soutenant que la Loi ouvre trop la porte à l'école anglaise. Son collègue Warren Allmand vote également contre, mais pour une raison bien différente : il estime que le projet n'est pas suffisamment favorable aux Anglo-Québécois.

Après cet épisode, Lapierre accepte que le règlement du dossier constitutionnel soit reporté à une date ultérieure. Il est convaincu que Trudeau se penchera de nouveau sur cette question lorsqu'un gouvernement libéral succédera au gouvernement péquiste de René Lévesque.

En 1987, avec la signature de l'accord du lac Meech, Jean Lapierre estime que l'heure est venue de régler une fois pour toutes la question de la place du Québec au sein du Canada. Il appuie ouvertement l'accord conclu à la résidence d'été du premier ministre Brian Mulroney, au lac Meech, avec les premiers ministres des provinces canadiennes[21].

L'entente, longue d'une dizaine de pages, prévoit un certain nombre de modifications à la Constitution canadienne, qui doivent permettre au Québec de la signer. Il s'agit notamment de la reconnaissance du Québec comme « société distincte », de l'élargissement des compétences des provinces en matière d'immigration, d'une limitation des pouvoirs de dépenser du fédéral dans les champs de compétence des provinces, de la nomination de trois juges québécois sur les neuf juges que compte la Cour suprême, et d'un droit de veto des provinces sur certains changements constitutionnels.

« J'étais prêt à jouer ma carrière sur Meech, expliquera Lapierre deux ans plus tard. Je me suis dit : "Si je ne suis pas capable de livrer la marchandise, je m'en vais, je n'ai pas encore dix ans à passer là-dessus[22]." »

Dans sa dernière entrevue télévisée, diffusée peu de temps après son décès, il affirme que les politiciens de

21. Lors de sa campagne de 1984, Mulroney avait promis de tout faire pour que le Québec revienne dans le giron constitutionnel « dans l'honneur et l'enthousiasme ».

22. *La Voix de l'Est*, 25 juillet 1992, p. 6.

l'époque ont manqué une occasion extraordinaire de boucler la boucle constitutionnelle. « Ça a été gâché et gaspillé par petite partisanerie parce que, dans le caucus, les gens ne voulaient pas que Brian Mulroney réussisse. Et moi, je trouve que le pays devait passer avant le parti, et que Mulroney ait réussi cela, c'était bon pour nous tous. Et donc, à ce jour, je suis encore extrêmement amer envers mes collègues qui, pour un impératif partisan, étaient prêts à sacrifier le pays et l'accord [du lac Meech][23]. »

Qualifié de « plus grande victoire politique depuis deux siècles[24] » par le premier ministre québécois Robert Bourassa et de « miracle[25] » par Lucien Bouchard, l'accord du lac Meech est également appuyé sans réserve par le chef libéral fédéral John Turner. Ce dernier va même jusqu'à traverser la Chambre des communes pour aller serrer la main de Brian Mulroney après la ratification de l'entente.

« Turner a appuyé Meech envers et contre tous parce que parmi les députés québécois seuls Gilles Rocheleau, Jean-Claude Malépart et moi étions d'accord avec lui, explique Lapierre dans un livre sur les origines du Bloc québécois[26]. On passait pour des fous parce que, pour les autres députés libéraux, si Mulroney réussissait à sauver Meech, il serait au pouvoir pour dix ans de plus. »

Conformément à la Constitution, le Parlement canadien et les assemblées législatives de toutes les provinces doivent

---

23. *Jean Lapierre se raconte*, entrevue réalisée le 29 janvier 2016 par Esther Bégin dans le cadre de sa série documentaire *Fièvre politique* diffusée à Télé-Québec. L'entrevue a été diffusée le 2 avril 2016.

24. *La Presse*, 25 juin 1987, p. B1.

25. Martine Tremblay, *La rébellion tranquille. Une histoire du Bloc québécois (1990-2011)*, Montréal, Québec Amérique, 2015, p. 19.

26. *Ibid.*, p. 29.

entériner l'entente dans un délai de trois ans. De nombreux observateurs et politiciens pensent à ce moment-là que l'affaire est dans le sac. Mais les trois années mouvementées qui suivront, à Ottawa et à Québec, vont prouver le contraire.

Au départ, l'accord est bien accueilli au Québec (61 % d'appui) et dans le reste du pays, mais cela ne dure pas longtemps. L'ancien premier ministre canadien Pierre Elliott Trudeau part rapidement en campagne pour mobiliser l'opinion publique du reste du Canada contre l'entente. De plus, l'arrivée au pouvoir de nouveaux premiers ministres au Nouveau-Brunswick (Frank McKenna), au Manitoba (Gary Filmon) et à Terre-Neuve (Clyde Wells) change la donne. Les trois nouveaux élus ne se sentent pas liés par la signature de leurs prédécesseurs et repoussent le vote de leurs parlements respectifs.

L'ascension de Chrétien

À Ottawa, un autre drame politique se joue en filigrane. Après la débâcle libérale aux élections de 1988, John Turner annonce en mai 1989 qu'il va quitter la tête du Parti libéral du Canada (PLC). Une course à la direction est lancée, qui donne naissance à une des plus grandes rivalités politiques de l'histoire récente du Canada, entre Jean Chrétien et Paul Martin. Pendant un an, les deux clans vont s'entredéchirer.

Après avoir échoué à succéder à Pierre Elliott Trudeau en 1984, Jean Chrétien revient à la charge pour devenir chef du PLC. Ceux qui avaient alors appuyé John Turner décident de miser cette fois sur le « p'tit gars de Shawinigan ». André Ouellet est l'un de ceux-là. « Je me suis dit que je ne me tromperais pas deux fois. »

Lapierre, lui, choisit le clan de Paul Martin, un député montréalais d'origine ontarienne et dont le père a servi sous quatre premiers ministres canadiens. « J'ai toujours admiré sa conscience sociale et sa sensibilité aux aspirations du Québec », écrit-il[27]. Lapierre n'hésite pas une seconde à coprésider la campagne de celui qui est vu comme l'héritier politique de John Turner. Au printemps de 1990, il parcourt le pays d'un bout à l'autre afin de rallier un maximum de libéraux.

Paul Martin souligne sa détermination et le cran qu'il a eu de batailler contre Jean Chrétien, de loin le favori et le plus connu des candidats. « Ça prenait beaucoup de courage pour m'appuyer, s'anime-t-il en parlant de son ami. Il n'y a pas grand monde qui pensait que j'avais des chances de gagner. »

Confortablement assis dans son bureau de l'Initiative de la Famille Martin (IFM)[28], Paul Martin prend plaisir à se rappeler de bons moments passés avec son allié politique. « C'était un penseur. Il ne prenait pas ses décisions parce que c'était populaire. Il ne prenait pas ses décisions parce que quelqu'un lui en avait glissé un mot. Il pensait à son affaire. C'est quelqu'un que j'écoutais », confie celui qui a été premier ministre du Canada de 2003 à 2006. « La politique, c'était sa passion, mais c'est vraiment l'être humain qui l'intéressait [le] plus. Il s'intéressait à tout et il était capable de s'investir à fond dans tout ce qu'il touchait. Il avait une curiosité sans bornes. »

La course à la direction du parti en faveur de Paul Martin ne s'avère pas facile. Et, selon André Ouellet, elle est même perdue d'avance : « Jean avait confiance en Paul Martin. Il a misé sur le mauvais cheval », claironne-t-il,

---

27. *Confessions post-référendaires, op.cit*, p. 273.
28. L'IFM, dont il est le fondateur, est vouée à améliorer les résultats scolaires des élèves autochtones du Canada.

encore passionné par la politique des années après avoir pris sa retraite. Jean Lapierre croit au contraire que Paul Martin est le seul qui « [soit] tourné vers l'avenir. Chrétien, c'est de l'histoire ancienne[29] ».

À la défense de Meech

La campagne au leadership du PLC est largement teintée par l'accord du lac Meech. Défenseur de la vision centralisatrice de Trudeau, Chrétien s'active à torpiller l'accord pendant plusieurs semaines, avec l'appui, entre autres, de Clyde Wells. Paul Martin, lui, se montre favorable à l'accord, une position qui lui fait perdre l'appui de nombreux délégués, notamment dans l'Ouest canadien. « J'appuyais l'accord du lac Meech parce qu'il renforçait le Canada. Il incorporait une sorte de reconnaissance fondamentale du Québec dans l'édification de notre propre pays et corrigeait la lacune grave du rapatriement constitutionnel de 1981, à savoir l'absence de signature du Québec », écrit-il dans son autobiographie[30].

Jean Lapierre se pose lui aussi en défenseur de l'accord du lac Meech sur toutes les tribunes. En septembre 1989, il envoie une lettre ouverte au premier ministre Mulroney dans laquelle il lui propose de former un front commun pour sauver l'accord. « Dieu sait que je me laisse parfois aller à une pointe de partisanerie, mais dans ce cas-ci, j'estime que l'enjeu est si grand et les conséquences d'un éventuel échec si irréversibles que je suis disposé à participer à un

29. *The Gazette*, 20 janvier 1990, p. B1.
30. Paul Martin, *Contre vents et marées. Mémoires*, Montréal, Fides, 2008 p. 116.

front commun pour la défense de l'entente du lac Meech[31]. »
Il remet la lettre en mains propres à Mulroney avant même que les membres de son caucus n'en soient informés, un geste d'éclat inhabituel qui crée quelques frictions.

Au printemps 1990, l'entente a de plus en plus de plomb dans l'aile. Brian Mulroney saisit la bouée de sauvetage que lui lance Frank McKenna, le premier ministre libéral du Nouveau-Brunswick : un accord politique parallèle qui serait annexé à Meech pour sauver l'entente. Mulroney demande alors à Jean Charest de présider un comité chargé de faire des propositions de compromis.

Le 17 mai, le comité accouche d'un rapport qui provoque la démission avec fracas du ministre Lucien Bouchard, qui milite pour que l'entente soit adoptée telle quelle. Ces modifications sont également loin de satisfaire Jean Lapierre, pour qui c'est en quelque sorte trop peu trop tard. Mais il en a surtout contre Jean Chrétien, qui garde le silence sur l'entente de sauvetage intervenue entre les premiers ministres dans ces derniers jours cruciaux, et il l'attaque en le qualifiant d'« éléphant transformé en ballerine souffrant d'un dédoublement de personnalité[32] ».

L'accord du lac Meech rend son dernier souffle le 23 juin 1990, faute d'être entériné par le Manitoba. L'Assemblée provinciale ne peut pas se prononcer sur la question dans les délais prescrits en raison de l'obstruction du député autochtone Elijah Harper. Celui-ci s'oppose à l'examen de l'entente au motif qu'elle ne comporte pas de clause sur les droits ancestraux des Premières Nations. En

31. *La Presse*, 27 septembre 1989, p. B1.
32. *Le Soleil*, 15 juin 1990, p. A6.

apprenant cela, Clyde Wells décide d'annuler le vote prévu à l'Assemblée terre-neuvienne.

Ce jour-là, Jean Chrétien devient officiellement chef du Parti libéral du Canada. Le même soir, Jean Lapierre pose un geste qui va bouleverser son avenir politique.

La scission

Le 23 juin 1990, l'effervescence est à son comble sur le plancher du congrès libéral au Saddledome de Calgary. La foule est nombreuse et les clans rivaux s'activent en coulisses jusqu'à la dernière minute. Des partisans de Paul Martin, dont Jean Lapierre, arborent un brassard noir, signe qu'ils portent le deuil de l'accord du lac Meech.

Coprésident de la campagne de Paul Martin, Jean Lapierre sait très bien que leurs chances de l'emporter sont minces. « J'ai compris rapidement qu'on s'en allait dans le mur[33] », concède-t-il. De fait, il suffit d'un seul tour pour que Jean Chrétien soit élu avec presque 57 % des votes, loin devant son plus proche rival Paul Martin, qui récolte seulement 25 % d'appuis. Meurtris, Jean Lapierre et son collègue Gilles Rocheleau démissionnent sur-le-champ. Alors qu'il monte les marches du stade pour s'éclipser en compagnie de membres de sa délégation, dont son frère Marc, Lapierre est interrogé par une journaliste qui veut obtenir ses commentaires.

« Monsieur Lapierre, pourquoi est-ce que vous partez ?

– Aucun ralliement possible.

– À cause de M. Chrétien ou à cause de la mort de Meech ?

---

33. *La rébellion tranquille, op.cit.*, p. 31.

– Les deux.
– Quoi en premier ?
– Monsieur... Meech et M. Chrétien. Les deux sont irréconciliables avec moi.
– Pourquoi vous avez attendu jusqu'à maintenant si vous ne pouvez pas travailler avec M. Chrétien ?
– Impossible[34]. »

Sur les images on voit Jean Lapierre quitter l'assemblée au pas de course. Il ne reste pas pour le discours de victoire. « J'ai trop de fierté pour m'associer même une minute à Jean Chrétien, balance-t-il à d'autres journalistes. Ce serait humilier et trahir mes électeurs que de m'associer à lui[35]. »

Le député conservateur Jean Charest, présent à Calgary afin de commenter la course pour Radio-Canada, se rappelle très bien ce moment. « Ç'avait été un coup de tonnerre. Il n'avait pas peur du risque, de défendre ses idées. Il fallait avoir du cran. »

Sur le plancher du congrès, Jean Chrétien croise Clyde Wells. Il lui donne l'accolade et le remercie pour son « beau travail ». Ce moment, capté par des caméras de télévision, marque Chrétien au fer rouge. Dès lors, celui-ci sera personnellement associé à la mort de l'accord constitutionnel, qui était honni par Clyde Wells.

Cependant, André Ouellet estime que Chrétien est ciblé à tort. « C'est Lapierre et Martin qui ont mis le blâme sur Chrétien. On a fait croire que Jean Chrétien était l'allié de Clyde Wells. Mais la réalité, c'est que Meech n'a pas passé parce que Elijah Harper a dit non, insiste-t-il.

34. Archives de Radio-Canada, 23 juin 1990.
35. *La Presse*, 24 juin 1990, p. A5.

L'acteur principal qui était contre Meech, ce n'était pas Jean Chrétien, mais Pierre Elliott Trudeau. »

Son « fils spirituel » est loin de partager ce point de vue. Dans une lettre qu'il envoie à Jean Chrétien quelques jours après sa démission, Jean Lapierre est cinglant. « De concert avec vos disciples, vous avez réussi une fois de plus à refuser au Québec son identité légitime. Il ne fait aucun doute dans mon esprit que sans vos basses et tortueuses manœuvres nous aurions, le 23 juin, proclamé le retour du Québec dans la grande famille canadienne. Aujourd'hui, comme tous les Québécois et toutes les Québécoises, je suis déçu, je me sens humilié et je sais que vous nous avez trahis[36]. »

D'après André Ouellet, ce n'est pas tant l'échec de Meech que son animosité envers Jean Chrétien qui amène Lapierre à quitter les libéraux. « Si Martin avait gagné, même si Meech était tombé, il n'aurait pas quitté le parti ! J'en suis convaincu. » Ouellet ne lui en a jamais voulu, bien conscient que Lapierre n'avait aucun avenir politique avec Chrétien.

Paul Martin, de son côté, est surpris par le départ de Jean Lapierre, qui s'est bien gardé de le consulter. « J'aurais voulu qu'il prenne une autre décision, c'est certain, mais on est toujours restés amis », dit-il. Cependant, jamais les deux politiciens ne reparleront de cette démission spectaculaire.

Même s'il est resté avare de commentaires à ce sujet, il ne fait aucun doute que Jean Chrétien n'a pas apprécié la façon dont Jean Lapierre a quitté le parti. Dans son autobiographie intitulée *Dans la fosse aux lions*[37], il prend la peine de souligner qu'il a donné pour surnom « Lapierre »

---

36. *La Presse*, 27 juin 1990, p. A1.
37. Jean Chrétien, *Dans la fosse aux lions*, nouvelle édition augmentée, Montréal, Les Éditions de l'Homme, 1994 [1985], p. 219-220.

à l'un des deux nodules inoffensifs trouvés sur un de ses poumons en 1991. C'est la seule mention de Jean Lapierre, à l'exception d'une ligne pour rappeler qu'il a claqué la porte du parti[38].

Hanté par son départ

Jean Lapierre a du mal à être en paix avec son départ retentissant du PLC, qu'il soutient avoir quitté à regret. Un an après sa démission fracassante, il en parle comme un des moments les plus difficiles de sa vie : « Sur le plan personnel, ç'a été une décision difficile à prendre, la pire de toutes. Rompre avec le Parti libéral du Canada, c'était comme tourner le dos à ma famille, à mes rêves de jeunesse, mais rester sous la gouverne de Jean Chrétien, c'était aussi trahir tous mes idéaux, mes engagements d'homme... j'étais tiraillé[39]. »

Son départ a toutes les apparences d'un coup de tête, mais ce n'en est pas un. Dès la démission de Lucien Bouchard du gouvernement conservateur, le 22 mai 1990, soit un mois plus tôt, Jean Lapierre le rencontre pour lui proposer de travailler de concert sur une base temporaire. À ce moment-là déjà, lui et son collègue Gilles Rocheleau envisagent de quitter les libéraux après le congrès de Calgary, appréhendant la mort de Meech et la victoire prévisible de Chrétien.

Ulcéré par l'échec de Meech, Lapierre garde un souvenir amer de ses derniers moments avec les libéraux. « Moi, quand je suis sorti du stade à Calgary, je m'en allais

38. Jean Chrétien n'a pas voulu accorder d'entrevue au sujet de Jean Lapierre pour ce livre.
39. *La Voix de l'Est,* 22 juin 1991, p. 4.

à la maison, confie-t-il en entrevue à Esther Bégin. C'était fini pour moi, la politique. C'était un aveu d'échec, comme jeune Québécois qui avait fait la campagne et tout ça, qui avait promis le changement. Le changement arrive, mon parti fait tout pour torpiller l'accord. C'est un aveu d'échec, mais en même temps, au niveau personnel, c'étaient des amitiés de longue date. Et moi, dans les amitiés, je suis d'une loyauté indéfectible. Je trouve que c'est une valeur extrêmement importante. Donc j'ai été déchiré et j'ai eu une peine terrible[40]. »

La naissance d'un parti

Le 27 juin, Jean Lapierre est accueilli en héros dans sa circonscription de Shefford. Selon le quotidien *La Voix de l'Est*, plus de 300 personnes sont là pour l'ovationner et certains déchirent même leur carte de membre du Parti libéral.

Dans les jours qui suivent, celui qui est désormais député indépendant multiplie les rencontres, notamment avec Lucien Bouchard et les orphelins politiques à Ottawa, en vue de créer un groupe de députés ayant pour objectif la défense des intérêts du Québec. L'idée est de s'inspirer du Mouvement jurassien, un groupe de politiciens suisses venant d'horizons politiques divers qui a vu le jour dans le but de créer un rapport de force sur certains enjeux, dont la langue[41].

Après la victoire de Jean Chrétien et la mort de Meech, Jean Lapierre retourne aux Îles-de-la-Madeleine pour

40. *Jean Lapierre se raconte,* entrevue citée.

41. Ce mouvement a œuvré à la création du canton du Jura pour préserver la langue française parlée par ses habitants. Dans le canton voisin de Berne, ainsi que dans plusieurs autres, la langue dominante est le suisse allemand.

poursuivre sa réflexion, raconte Manon Cornellier dans son livre *The Bloc*[42]. Une fois encore, il se retrouve sur la plage de Havre Aubert, un de ses endroits préféré aux Îles. Là, il lance les bases du nouveau parti. Puis, les discussions avec de potentiels alliés, dont Lucien Bouchard, s'accélèrent. À son retour à Montréal, Lapierre présente l'ébauche d'un manifeste au premier ministre québécois Robert Bourassa, qui approuve l'idée d'un bloc de députés à Ottawa faisant pression afin d'obtenir des droits pour le Québec.

Le Bloc québécois naît officiellement le 25 juillet 1990. Jean Lapierre raconte à Martine Tremblay, l'ancienne chef de cabinet de René Lévesque[43], que c'est dans une suite de l'hôtel Reine Élizabeth, où logeait temporairement Lucien Bouchard, qu'ils écrivent tous deux le texte de la mission du nouveau parti. Le document est rendu public en conférence de presse à Montréal. Lapierre insiste pour qualifier le mouvement de « temporaire, ponctuel et arc-en-ciel ».

Lucien Bouchard annonce que Jean Lapierre est le leader parlementaire du groupe, qui comprend d'anciens conservateurs, Nic Leblanc, François Gérin, Louis Plamondon, Gilbert Chartrand et Benoît Tremblay, rejoints deux mois plus tard par le député libéral démissionnaire Gilles Rocheleau.

L'arrivée de Lapierre dans ce groupe en surprend plusieurs, d'autant plus que lui et Bouchard ont souvent croisé le fer au Parlement. Mus par l'objectif commun de défendre les intérêts du Québec, ils se découvrent une grande complicité. Jean-François Lisée illustre de façon éloquente la puissance de ce tandem. Pour lui, adjoindre Lapierre à

---

42. Manon Cornellier, *The Bloc*, Toronto, Lorimer, 1995, p. 24-25.
43. *La rébellion tranquille*, *op. cit.*, p. 71.

Bouchard, c'est donner un imprésario à la nouvelle vedette, c'est donner un René Angélil à une Céline Dion[44].

Jean Lapierre confère alors beaucoup de crédibilité au Bloc québécois, comme Jean Charest l'affirme sans hésitation. « Qu'un libéral fédéral réputé se joigne à eux, c'était très marquant. Je le sais, moi, parce qu'on le voyait de l'autre côté [de la Chambre]. Cela voulait dire que le Bloc s'ouvrait à un très grand électorat. Ce n'était pas juste des séparatistes. Ça devenait un mouvement de fond, une lame de fond, et c'est Jean qui donnait cette crédibilité au Bloc québécois et à son chef », analyse celui qui allait devenir ministre de l'Environnement dans le cabinet Mulroney peu de temps après la démission de Lucien Bouchard.

À l'origine, le logo choisi pour représenter le nouveau parti était constitué d'un bloc bleu bordé de chaque côté par des fleurs de lys. Cela ne plaît pas à Jean Lapierre : il tient à ce que le rouge, la couleur libérale, soit aussi représenté. « Il trouvait que ça passerait mieux à Québec. Ça, c'était Jean Lapierre », assure Lucien Bouchard. Le logo initial du Bloc est ainsi modifié en conséquence.

Cette période est bouillonnante pour le cofondateur du Bloc. Sa fille, qui s'en est rendu compte, lui écrit une lettre pour le soutenir. « En gros, ça disait que peu importe ce qu'il ferait, j'allais être fière d'être sa fille. Je me souviens qu'il pleurait en la lisant à l'époque. Je sentais que c'était une période où il était fébrile », dévoile-t-elle, soulignant que son père était très sensible et avait la larme facile.

---

44. Jean-François Lisée, *Le petit tricheur. Robert Bourassa derrière le masque*, Montréal, Québec Amérique, 2012, p. 174.

Une première victoire

Le Bloc québécois a la chance d'entrer dans l'arène politique lors d'une élection partielle, dans la circonscription de Laurier–Sainte-Marie, et d'y présenter un premier candidat nommé Gilles Duceppe. C'est un moment charnière pour la jeune formation, qui se met au travail sans tarder. « On s'est retrouvés tous ensemble, les députés exilés, si je peux dire, engagés dans une campagne électorale en plein été à Montréal, dans l'est de la ville, pour un gars qu'on ne connaissait pas, relate Lucien Bouchard. Il faisait chaud, on n'avait pas d'argent et on ne connaissait pas beaucoup le comté. On faisait du porte-à-porte. » C'est dans ce contexte un peu fou que naît son amitié avec Jean Lapierre. « On venait de démissionner, on était juste des gens pas contents. Notre programme, c'est qu'on n'était pas contents, puis on trouvait que les autres n'avaient pas été fins avec nous autres ! » badine-t-il.

La nouvelle formation est toutefois la cible de critiques venant de plusieurs chroniqueurs qui restent sur leur faim. Pour y remédier, Jean Lapierre et Lucien Bouchard concoctent une réplique. « Les journalistes disaient qu'on n'avait pas de programme, pas de plan. Jean a dit : "On va leur en faire un, un programme !" On avait fait un point de presse où il a dit, et je cite de mémoire : "On a un plan en trois points, 1, 2, 3, vous allez voir." Mais il n'a jamais dit quels étaient les trois points, plaisante Lucien Bouchard. On a fait un bout avec ça, on a fait 24 heures avec ça ! »

Coup de pouce des libéraux

Le Bloc peut aussi compter sur l'aide du Parti libéral du Québec. Jean Lapierre consulte fréquemment le premier ministre Robert Bourassa et assure un contact presque quotidien avec son cabinet. Pierre Bibeau se souvient que la manœuvre a surpris certains libéraux. « Le Bloc sollicitait des donateurs et des donateurs libéraux m'appelaient et me disaient: "On ne peut pas donner au Bloc?" Je leur répondais que oui, il n'y avait pas de problème, M. Bourassa jugeait que c'était bon. »

Lucien Bouchard corrobore les faits. « Cette idée de créer une coalition arc-en-ciel était bien vue chez les libéraux à Québec. M. Bourassa, qui était un tacticien de premier ordre, y voyait là un instrument qu'il pourrait utiliser dans ses relations avec le fédéral. Il voyait poindre des négociations extrêmement importantes avec le fédéral et le soulèvement politique en lien avec le rejet de l'accord du lac Meech au Québec. » Le candidat du Bloc québécois remporte haut la main l'élection contre le libéral Denis Coderre. La victoire est écrasante: 67 % pour Duceppe contre 19 % pour Coderre.

Les « *New Kids on the Block* »

Le Bloc fait son entrée parlementaire à l'automne 1990, mais sans les privilèges et les avantages dévolus à un parti. En effet, le groupe ne compte que huit membres, soit quatre de moins que le minimum exigé pour former un parti politique reconnu à la Chambre des communes. Les petits nouveaux du Bloc, qui se sont souvent fait appeler les « *New Kids on the Block* », prennent leurs responsabilités au sérieux. Un noyau dur, constitué de Jean Lapierre, Lucien Bouchard, Gilles Duceppe, Bob Dufour et Pierre-Paul Roy, se consolide. Chaque vendredi, vers 16 heures, ils se retrouvent au bureau de circonscription de Duceppe. « On parlait de stratégie pendant des heures », explique l'organisateur Bob Dufour.

Au Parlement, même s'il ne peut poser une question que de temps en temps, le groupe se prépare comme s'il avait à occuper tout le ring. « On épluchait les journaux, on analysait, on regardait ce qui était principal dans la journée, ce qui était secondaire, raconte Gilles Duceppe. Jean était un gars très travaillant. » Lucien Bouchard se délecte à évoquer les souvenirs de cette époque, une des plus effervescentes de sa vie. « Ce n'était pas de la politique transcendantale, mais on n'était pas en dépression, on avait du *fun* aussi ! Jean, c'est un gars avec qui il fallait que ce soit drôle, sinon ça ne marchait pas », s'esclaffe-t-il.

Le groupe jouit rapidement d'une grande popularité. Un sondage Léger Marketing, réalisé à l'automne 1990, donne déjà 38 % d'appuis à la formation. Jean Lapierre se méfie de cet engouement soudain. « Je viens des Îles-de-la-Madeleine et je sais qu'il est dangereux d'avoir plus de voile que de gouvernail, lance-t-il en entrevue à *La Presse*. Notre coalition est encore très fragile, aussi fragile que le consensus québécois. Il va falloir vivre au jour le jour, comme les Alcooliques Anonymes[45]. »

Au fil des semaines, Lapierre fait ses preuves comme leader parlementaire. Il est reconnu pour ses questions affûtées et son style baveux. À plusieurs reprises, il se fait rabrouer par le président de la Chambre des communes

45. *La Presse*, 20 octobre 1990, p. B6.

pour des propos qui dépassent les bornes. C'est notamment le cas en mars 1991 quand il s'en prend à l'une de ses cibles de prédilection, le ministre conservateur Benoît Bouchard. Il le traite de « Fred Caillou de la politique canadienne », provoquant tout un tollé. Jean Lapierre croit dur comme fer que le Bloc doit adopter une attitude « pamphlétaire[46] » s'il veut espérer se démarquer à Ottawa.

Le 15 juin 1991, lors d'un congrès qui se tient dans une salle bondée à Sorel-Tracy, le Bloc devient officiellement un parti. Pas un parti comme les autres, cependant, souligne alors Lucien Bouchard, un parti « qui ne veut pas former de gouvernement » et « qui a bien l'intention de mourir jeune[47] ». La mission de départ du Bloc est simple : défendre les intérêts du Québec avant l'atteinte de la souveraineté et pendant la transition vers la formation d'un pays.

Lapierre se présente au congrès avec sa délégation de Shefford, composée presque exclusivement d'anciens libéraux qui lui sont restés fidèles. Selon un sondage publié dans *La Voix de l'Est* le 22 juin 1991, ses commettants le soutiennent aussi très massivement. Plus de 82 % des gens sondés disent être satisfaits de leur député, même si 35 % croient encore qu'il est un libéral à ce moment-là.

Il accomplit la prouesse de faire accepter sa conversion au Bloc à la plupart de ses militants libéraux. Certains de ses proches collaborateurs, comme Luc Normandin, le suivent à reculons. « J'étais libéral fédéral depuis que j'avais 16 ans. J'ai trouvé ça difficile. Je n'ai pas fait un choix par conviction. J'ai fait un choix de gagne-pain, de père de famille », admet-il.

46. *La Presse*, 21 juin 1992, p. A14.
47. *La Presse*, 16 juin 1991, p. A1.

À cette époque, Lapierre affirme avoir réalisé un rêve en fondant un parti rassembleur qui défend les intérêts supérieurs du Québec. « Les gens nous perçoivent comme une espèce de bras de fer du Québec à Ottawa. Nous sommes devenus une police d'assurance, ça sort du commun, c'est extraordinaire[48]. »

Alors qu'il rédige un essai sur Robert Bourassa, l'ancien journaliste Jean-François Lisée, devenu politicien sous la bannière du Parti québécois, s'entretient avec Jean Lapierre de son passage au Bloc québécois. Lapierre lui explique qu'il a lentement apprivoisé la souveraineté dans les débuts du Bloc. « Je voyais le concept de la souveraineté comme un instrument de rapport de force. Je me suis dit : on a essayé de la manière douce [Meech], ça n'a pas marché. On ne peut pas faire plus que ça. Allons-y de la manière forte. Puis, après ça, quand on aura justement un rapport de force, on négociera un nouveau *deal*. Et c'est là, moi, que j'ai apprivoisé le concept de souveraineté-association. Je peux dire que les premières semaines et les premiers mois, ça ne glissait pas naturellement. Non. Non. C'était de la résignation[49]. »

Pour Pierre Bibeau, Jean Lapierre incarne la vision politique de nombreux Québécois qui ont envisagé la souveraineté à cette époque. « Il défendait les intérêts du Québec, il était nationaliste », affirme-t-il.

48. *La Voix de l'Est*, 17 juin 1991, p. 5.
49. *Le petit tricheur*, *op. cit.*, p. 176.

La démission

L'aventure du Bloc québécois est de courte durée pour Jean Lapierre. Après moins de deux ans, il en a assez d'être assis avec ses collègues dans le fond de la Chambre des communes, près des rideaux, avec un droit de parole occasionnel. La question constitutionnelle, qui a décidé de son arrivée au Bloc, fait du surplace. Robert Bourassa continue de repousser la tenue d'un référendum sur la souveraineté, tout en laissant planer des doutes sur ses véritables intentions. En avril 1992, Lapierre l'exhorte même publiquement à « se brancher » et à prendre « ses responsabilités ». Il ne mâche pas ses mots : « Les Québécois sont écœurés. Ils veulent régler la question constitutionnelle le plus vite possible[50]. »

Au début du mois de juillet 1992, lorsqu'il apprend que Robert Bourassa va retourner négocier avec Ottawa plutôt que de tenir un référendum, c'est la goutte qui fait déborder le vase. Ébranlé, il part aux Îles avec Lucien Bouchard pour réfléchir à son avenir. Il se rend de nouveau sur la plage de Havre Aubert pour prendre une décision importante. Elle ne se fait pas attendre longtemps : Jean Lapierre fait une croix sur la politique.

Il rentre à Montréal en catastrophe et, le 21 juillet 1992, annonce sa démission lors d'une conférence de presse. Il a fait le tour du jardin et il a besoin d'aller voir ailleurs, explique-t-il aux journalistes. « J'ai décidé de me retirer, en même temps que j'ai décidé d'aller gagner ma vie honorablement dans le secteur privé[51]. » Il est alors en

50. *La Voix de l'Est*, 27 avril 1992, p. 5.
51. Archives de Radio-Canada, 21 juillet 1992.

négociations avec la station de radio CKAC pour devenir animateur.

Dans sa lettre de démission, il affirme que son départ n'est pas un désaveu du parti ou du chef. Il rend même un vibrant hommage à Lucien Bouchard, pour qui il a une « admiration et une amitié qui transcendent de beaucoup la politique[52] ».

Une véritable gifle

Le départ de Jean Lapierre tombe à un bien mauvais moment pour le Bloc québécois. En plein marasme constitutionnel, cette décision est perçue comme une gifle infligée au parti. « Ç'a m'a chagriné quand il est parti, se souvient Lucien Bouchard. C'était une perte, et qui arrivait à un moment où ça allait très mal pour le Bloc. Il y a des gens qui ont pu y voir un clou enfoncé dans le cercueil du Bloc, c'est sûr. Il était bon ! »

Gilles Duceppe apprend la nouvelle quelques heures avant son *party* d'anniversaire : Jean Lapierre la lui annonce personnellement. « Il m'a dit qu'il démissionnait. Qu'il s'en allait à CKAC ! Ça me décevait beaucoup », confie-t-il. Malgré la contrariété qu'il cause à son ami, Jean Lapierre se rend tout de même à son souper de fête.

D'autres de ses acolytes ne sont pas abasourdis par son départ. « Ça ne m'a pas surpris du tout, dit le coloré organisateur Bob Dufour. Il m'a dit qu'il ne se présenterait pas dans une élection générale. »

---

52. *La rébellion tranquille, op. cit.*, p. 139.

Les enfants d'abord

La conjoncture politique n'est pas la seule explication au changement de carrière de Jean Lapierre: ses enfants, alors âgés de 9 et 11 ans, lui manquent. En 2016, dans son entrevue avec Esther Bégin, il évoque pour une rare fois la difficile conciliation entre la politique et la vie personnelle. Il affirme avoir élevé ses enfants au téléphone, et qualifie sa vie familiale de « désastre ».

« Le sentiment que j'avais dans ce temps-là, c'était la culpabilité permanente. Tu es à Ottawa, et tu te dis: je ne suis pas chez nous. T'es chez vous, mais là tu veux faire une carrière en politique fédérale, et tu es invité à Winnipeg, à Saskatoon, et tu y vas. Finalement, t'es jamais chez vous. Ou tu arrives dans le comté – je faisais des déjeuners-causeries tous les dimanches matin, je travaillais au bureau de comté le vendredi, je participais souvent à des activités le samedi – tu négliges totalement ta famille. Tu pars le dimanche soir pour remonter à Ottawa, et là, les enfants te font des petits *bye-bye* dans la fenêtre et tu pleures comme un veau jusqu'à tant que tu arrives. Toute cette culpabilité-là, c'est ce que j'ai trouvé le plus dur[53]. »

Surpris par ces révélations, ses enfants n'ont pas souvenir d'avoir abordé ce sujet avec leur père. Comme il travaillait à l'extérieur, « ce n'était pas le père le plus présent », confie Jean-Michel. « Ce n'était pas celui qui jouait à quatre pattes avec toi ou qui était là le samedi au hockey. Mais malgré cela, il était capable de t'encadrer. Je le vois maintenant que je suis père. C'était quelqu'un de très droit. Il faisait tout comme il faut. Il avait un certain nombre de

53. *Jean Lapierre se raconte*, entrevue citée.

valeurs et il les suivait. C'est quelqu'un sur qui tu pouvais toujours compter. » Sa sœur abonde dans le même sens. « C'est comme s'il ne pouvait rien nous arriver de bien grave parce qu'il était là », ajoute-t-elle en contenant des sanglots.

Après avoir officialisé sa démission, Jean Lapierre retourne aux Îles-de-la-Madeleine pour passer la fin de ses vacances avec Lucien Bouchard. Celui-ci n'essaie pas de le faire changer d'idée, il sent bien que sa décision est irrévocable. La rage suscitée par l'échec de Meech s'ajoute à plusieurs autres déceptions politiques. Le cœur n'y est plus. Changer de carrière lui permettra, espère-t-il, de passer plus de temps avec ses enfants. Il vient de mettre ainsi un terme à sa vie politique, il en est convaincu. L'avenir lui donnera tort.

Chapitre 3

UNE NOUVELLE CARRIÈRE DANS LES MÉDIAS

Tu sens que tu ne pourrais pas lui passer
un 10 cents entre les fesses.
JEAN LAPIERRE

Été 1992. Richard Desmarais, alors directeur de la station de radio CKAC, apprend d'un ami que Jean Lapierre songe à quitter la politique. Aussitôt, une invitation à dîner est lancée. Desmarais l'incite à faire le saut en radio. « Je l'admirais, car c'était le meilleur *clipper* que tu pouvais avoir pour un journaliste. Il connaissait le *timing* des médias électroniques et il avait toujours sa *clip* de 20-25 secondes prête en sortant du Parlement. »

Il suffit de deux rencontres pour convaincre le jeune député de 36 ans d'amorcer sa seconde carrière. Lapierre décroche ainsi, avant même d'avoir officiellement quitté la politique, un contrat de trois ans pour animer une émission d'affaires publiques à la radio montréalaise CKAC. La station AM jouit à l'époque d'une belle popularité.

Il annonce son départ de la vie publique le 21 juillet 1992, et dès le 24 août, il anime sa toute première émission, *Contact Lapierre,* un rendez-vous quotidien en semaine de midi à 13 heures. Comme si ce n'était pas assez pour cet hyperactif boulimique de politique et d'actualité, il tient aussi la barre d'une émission hebdomadaire le dimanche.

Lentement, le nouveau présentateur se taille une place à l'antenne et s'affirme comme un animateur avisé et direct. Malgré tout, il est encore loin d'être le communicateur fin et renommé qu'il deviendra plus tard.

À l'époque, Richard Desmarais voit en lui le premier *entertainer* du monde politique, et il est certain d'avoir réalisé un coup de circuit en l'embauchant. Toutefois, les débuts de Jean Lapierre à la radio sont difficiles. Le directeur de la station et les autres patrons de la boîte sont déçus. « Ce n'était pas le succès qu'on anticipait, concède Desmarais. Jean, son talent, c'était la répartie. Donc, en le mettant tout seul, il n'y avait personne pour lui lancer la ligne ou pour lui ouvrir la porte afin qu'il frappe. »

Mychel St-Louis, alors directeur de l'information de CKAC, tombe rapidement sous son charme. « Il a appris à la dure, car il a pris un créneau horaire qui était déjà numéro un. Sa grande ouverture l'a aidé. Oui, ç'a été difficile, mais il voulait tellement s'améliorer que c'était facile pour les gens avec qui il travaillait. »

Il se souvient d'avoir collaboré avec lui dans le but de piéger Lucien Bouchard pour l'émission *Surprise sur prise* en 1993. Vingt-cinq ans plus tard, la mise en scène le fait encore sourire : Lucien Bouchard est invité à un repas prétendument organisé pour discuter des enjeux de la campagne électorale fédérale à venir. Jean Lapierre et sa conjointe Nicole sont présents, ainsi que d'autres amis et une jeune actrice qui joue le rôle de la nièce de Mychel St-Louis.

Alors qu'elle discute avec Lucien Bouchard de la réforme du Sénat canadien, cette dernière se met soudainement à lui parler du grand écrivain français Marcel Proust, à qui Bouchard voue une admiration sans bornes. Durant la scène, Jean Lapierre se fait discret, de crainte de vendre la mèche. Sa conjointe Nicole, qui a une formation littéraire, se prête au jeu et entretient la jeune actrice de l'homosexualité de l'auteur d'*À la recherche du temps perdu*. Éberlué par l'érudition de la « nièce », Lucien Bouchard dit vouloir encourager davantage ses enfants dans leurs études afin qu'ils suivent l'exemple de la jeune fille. En découvrant le pot-aux-roses, le chef du Bloc admet qu'il s'en doutait un peu. « On a eu beaucoup de plaisir à faire ça avec Jean Lapierre. Il jubilait », relate Mychel St-Louis.

Des débuts pénibles

Le mandat confié à Jean Lapierre n'est pas une mince affaire : il doit battre Gilles Proulx, le roi des ondes de la station concurrente, CJMS. Comme le raconte Martine Caza-Lenghan, la recherchiste-productrice qui collabore avec lui dès son arrivée à CKAC, l'apprentissage du nouvel animateur ne se fait pas sans mal. « Tout ce qu'on aimait de lui au naturel, il ne l'avait plus en ondes. Il écrivait ses textes et les lisait mot à mot. Et sa lecture n'était pas très bonne. Il perdait toutes les couleurs qu'on aimait de lui. »

Martine a un véritable coup de foudre professionnel pour l'ancien politicien. Mais la jeune recherchiste – elle n'a pas encore 25 ans à l'époque – comprend rapidement l'ampleur de la tâche qui l'attend. Elle se lance dans l'aventure, pour le meilleur et pour le pire. Travaillant six ou sept jours par semaine avec un Jean Lapierre qui ne prend congé des ondes que le samedi, elle arrive à la station vers 6 heures le matin pour préparer l'émission.

L'ancien député doit apprendre un tout nouveau métier. Animer une heure de radio chaque jour est plus exigeant que d'accoucher d'un *clip* de 30 secondes pour les médias. « Il était le *king* des *punchlines* en politique, mais là, c'est un *show* d'une heure : il faut que tu sois bon pendant une heure. » Cela fait une grande différence, souligne Martine, avec qui Jean Lapierre n'a jamais perdu contact.

Entêté qu'il est, Lapierre s'obstine, malgré l'avis de sa recherchiste, à écrire ses textes de présentation avant d'aller en ondes. Dans les 45 minutes précédant son émission, il va se cacher dans un bureau de CKAC pour y gribouiller ses présentations. Chaque jour, il change de repaire afin d'échapper à la vigilance de son équipe, qui l'implore de n'écrire que des lignes directrices. « Je le cherchais avant qu'on entre en ondes parce que je voulais lui communiquer des détails de dernière minute, et c'était l'enfer parce que je ne le trouvais pas. Il se cachait pour aller écrire ses mots, car il savait que je n'aimais pas ça », se remémore Martine en riant.

Si elle ne peut pas l'empêcher d'écrire ses textes, sa recherchiste peut au moins l'aider à améliorer son discours. Le soir, elle lui fait répéter ce qu'il lira en ondes. « Avec les années, il a réussi à placer sa voix. Au début, il avait une voix plus aiguë à la radio qu'en personne et ça sonnait mal. Je l'ai aidé à lire ses textes de manière moins mécanique. »

À deux doigts du congédiement

Malgré leurs efforts, les cotes d'écoute initiales sont décevantes. À au moins deux reprises, ses patrons songent à le congédier. Afin de se ménager une porte de sortie, Jean décide de reprendre du service l'après-midi au cabinet d'avocats McDougall Caron. Sait-on jamais. Le défi à relever est de taille : Lapierre et sa recherchiste peinent à trouver des invités pour l'émission. Mis à part les connaissances de l'ancien député – quelques personnalités politiques notoires –, seule une poignée de gens se laissent convaincre de venir à l'émission. Le nouvel animateur a peu de contacts à l'extérieur de son cercle et la concurrence est féroce. Certains invités, comme le jeune politicien Mario Dumont, lui font le coup d'annuler une entrevue à la dernière minute, préférant une émission d'une autre station qui a de meilleures cotes d'écoute.

Mais Jean Lapierre ne baisse pas les bras, pas plus que Richard Desmarais d'ailleurs, qui sait que son poulain a le talent pour percer à la radio. Lors d'un dîner de travail au restaurant Chez Guy et Dodo, où se retrouvent souvent les artisans de CKAC, Lapierre cherche des solutions pour devenir incontournable. Exaspéré qu'on lui préfère Gilles Proulx ou Jean-Luc Mongrain, il décide de prendre le taureau par les cornes. Son objectif : que les gens le connaissent davantage, qu'ils l'aiment et qu'ils lui disent « oui » quand il sollicite une entrevue. Et surtout, que ce « oui » se traduise concrètement par la présence de la personne en studio !

Il établit donc un plan de match pour élargir son réseau : organiser au moins trois dîners par semaine, participer également à au moins deux cinq à sept et, au besoin, prendre part à un événement la fin de semaine. C'est ainsi, poignée de main après poignée de main, sortie au restaurant après sortie au restaurant, que son célèbre carnet de contacts se garnit.

« Il a vraiment pensé à planifier son réseau, explique Martine Caza-Lenghan. Les gens pensent qu'il l'a développé en étant gentil. Mais ce n'est pas venu tout seul. Il a beaucoup investi de temps et d'argent dans son développement. Il m'a beaucoup appris là-dessus. »

Elle l'accompagne dans ses sorties en jouant un peu le rôle d'une attachée de presse. « J'étais son faire-valoir. Il me répétait tout le temps : "Faut pas arriver seul à ce genre d'affaires. T'as l'air d'un *loser* si tu ne trouves personne à qui parler." » Loin de se formaliser de la situation, la recherchiste en profite pour établir ses propres contacts.

À cette époque, le rythme de vie des deux comparses leur permet de multiplier les sorties amicales pour le travail. Jean Lapierre est séparé et ses enfants vivent chez leur mère à Granby pendant la semaine. Généralement, ils habitent chez leur père une fin de semaine sur deux. De plus, la nouvelle conjointe de Jean, Nicole, travaille à Gatineau, et ils se voient le week-end. Le nouvel animateur profite donc de ses temps libres en semaine pour multiplier les contacts professionnels.

Sauvé par la politique

La stratégie qu'il a mise en place fonctionne, mais c'est grâce à une succession d'événements politiques que Lapierre prend réellement son envol en tant qu'animateur radio. Après le référendum sur l'accord de Charlottetown en 1992, les démissions de Brian Mulroney et de Robert Bourassa en 1993 provoquent d'importantes secousses politiques. Jean Lapierre est très à l'aise dans cette situation. Le terrain politique est sa spécialité, et ça paraît.

Il invite en studio plusieurs protagonistes de la campagne référendaire sur l'accord de Charlottetown. Le 21 septembre 1992, il reçoit le premier ministre québécois Robert Bourassa à son micro. Pendant une heure, M. Bourassa explique le contenu de l'entente aux auditeurs et se dit sûr que le camp du OUI remontera la pente dans les sondages.

Quelques jours plus tard, le 5 octobre, il s'entretient en ondes avec un ancien collègue avec qui il a déjà eu maille à partir : Jean Chrétien. Le « p'tit gars de Shawinigan », alors chef du parti que Jean Lapierre a quitté avec fracas deux ans plus tôt, se prête au jeu. Après tout, on est à quelques semaines du référendum sur l'accord de Charlottetown, une consultation déterminante pour l'avenir du pays. Durant cet étrange tête-à-tête d'une heure, l'animateur adopte un ton parfois courtois, parfois agressif. Il accuse Jean Chrétien de se cacher pendant la campagne référendaire. Ce dernier s'en défend, affirmant faire de nombreuses visites au Québec. L'entrevue est une réussite, le talent de l'animateur commence à se faire remarquer. Dans leur édition du lendemain, deux quotidiens québécois font d'ailleurs mention du passage de Jean Chrétien à CKAC.

Deux semaines plus tard, le 19 octobre, Jean Lapierre frappe fort de nouveau en recevant le premier ministre Brian Mulroney. À quelques jours du vote décisif, le chef conservateur essaie de convaincre les électeurs québécois de ratifier le document qui offre, selon lui, des gains énormes pour le Québec. L'entretien se déroule sur un ton cordial. Brian Mulroney se permet de tutoyer Jean Lapierre, même si ce dernier le vouvoie. Encore une fois, les journaux rendent compte de l'émission dans leur édition du lendemain.

Pendant les entrevues importantes, se souvient Martine Caza-Lenghan, des journalistes affiliés à d'autres médias se regroupaient en régie pour écouter les politiciens qui passaient en studio. Ils les questionnaient ensuite lorsque les micros étaient fermés. « D'entrevue en entrevue, [Jean] *scorait*, et les médias écrits reprenaient ses entrevues et [ses] questions. Ça faisait avantageusement parler de lui. Et l'auditoire a commencé à grimper », raconte Martine.

Le soir du 26 octobre 1992, Jean Lapierre participe à sa première soirée référendaire à titre de commentateur. En compagnie de Jean Cournoyer, de Jean-Claude Rivest et de Bernard Landry, il décortique les résultats du vote sur les ondes de CKAC. Les Québécois se prononcent à plus de 56 % contre l'accord de Charlottetown, également rejeté par cinq autres provinces canadiennes.

Les talents radiophoniques de Jean Lapierre sont mis à profit. Le commentateur se fait remarquer par son ton souriant, qui n'enlève rien à sa rigueur. Dans les mois qui suivent, les entrevues politiques se multiplient à son micro. Ses cotes d'écoute s'améliorent constamment et, selon les sondages radio de décembre 1992, *Contact Lapierre* talonne désormais le *Journal du midi* de son compétiteur, Gilles Proulx.

Martine Caza-Lenghan estime que ce sont les entrevues réalisées pendant cette période politique bouillonnante qui l'ont révélé au grand public. « C'est arrivé au bon moment. Lorsqu'il menait ces entrevues et qu'il commentait les soirées électorales, il oubliait complètement qu'il était à la radio, devant un micro. Il se démarquait, car il *challengeait* des gens qu'il connaissait sur des sujets qu'il maîtrisait totalement. Il était dans son environnement, souligne-t-elle, encore marquée par cette fougue des années plus tard. Ç'a été la meilleure école, car c'est à ce moment-là qu'il a pris de l'assurance. »

Une transition difficile

Lorsque Mario Dumont quittera à son tour la politique des années plus tard pour se lancer dans les médias, Jean

Lapierre lui donne des conseils en lui racontant avec humour ses premières armes à la radio. « Il s'est rendu compte qu'à cette époque, il était coincé, constipé, relate Mario Dumont en employant les mots utilisés par son ami. Les politiciens sont pris dans un carcan. Quand tu es dans les médias, tu dois enlever des morceaux de carcan. Tu es allé voir un spectacle hier, tu sors au resto, tu as rencontré untel ? Ça intéresse les gens. » D'ailleurs, c'est lorsqu'il commence à raconter de façon amusante ses lunchs et les allées et venues des politiciens que Jean Lapierre forge son personnage médiatique fort apprécié.

Dans une entrevue publiée en janvier 1993, il dit avoir soigné ses propos dans les premiers mois de son nouveau boulot afin de prendre la distance qui s'imposait avec son passé politique. « J'étais volontairement le plus neutre possible. Je ne voulais pas qu'on dise que je faisais de la radio pour poursuivre mes combats. Mais depuis les fêtes [de l'année 1993], je donne mon opinion sur les sujets que je traite[1]. »

L'animateur radio se pose en défenseur de la veuve et de l'orphelin. Et pour marquer le coup, ses patrons à CKAC créent *L'ombudsman Lapierre,* une ligne téléphonique ouverte 24 heures sur 24 destinée à recevoir des dénonciations de toutes sortes. Lapierre s'entretient avec des victimes d'injustice et aborde en ondes les cas les plus parlants.

Un tandem extraordinaire

Coup de théâtre le vendredi 30 septembre 1994. Vers 9 heures, Paul Arcand se fait couper son micro alors qu'il

1. *La Voix de l'Est,* 30 janvier 1993, p. 6.

reste plus de 30 minutes à son émission sur CJMS. Une musique d'ascenseur envahit les ondes. Après avoir été tenus dans l'ignorance pendant quelque temps, l'animateur vedette et les autres employés de la radio sont convoqués : leur patron leur annonce la fusion des stations CJMS et CKAC. Paul Arcand conserve l'émission du matin, qui reprend le lundi suivant, mais il devra collaborer avec des transfuges de CKAC, dont Jean Lapierre.

Une rencontre est prévue le samedi matin à 9 heures à la station CKAC pour que tout ce beau monde fasse connaissance. Ce jour-là, les chemins de Paul Arcand et de Jean Lapierre se croisent pour la première fois. « Ç'a cliqué tout de suite. Une chimie s'est installée. Et à la radio, tu ne peux pas truquer ça, tu ne peux pas faire semblant tous les jours, c'est impossible », souligne celui qu'on surnomme le roi des ondes de Montréal.

Le lundi matin qui suit la rencontre, Lapierre livre son premier commentaire politique dans l'émission matinale de Paul Arcand. « C'est probablement le seul chroniqueur avec qui, dès la première [émission], j'avais l'impression d'avoir toujours fait ça avec lui. » La station lui confie d'autres mandats : Lapierre doit livrer un commentaire dans l'émission du retour à la maison de Paul Houde. Une autre belle complicité radiophonique se noue.

En plus de ces changements importants à la programmation, l'émission du midi de Jean Lapierre est transformée. Il doit désormais faire équipe avec l'ancien animateur et politicien Jean Cournoyer dans l'émission d'affaires publiques *Face à face*. La décision est imposée aux deux hommes. « On m'a annoncé : "Si tu ne veux pas travailler avec Jean Lapierre, on te remercie." Je me suis dit aussi bien essayer, s'exclame Cournoyer. Je m'en voudrais encore aujourd'hui si je n'avais pas fait ça. Ç'a été l'expérience la plus enrichissante de ma vie. »

Le duo Cournoyer-Lapierre connaît un succès presque instantané. « C'est devenu un tandem extraordinaire, estime Richard Desmarais. Cournoyer disait quelque chose, et [Jean Lapierre] en rajoutait avec le punch qu'on lui connaissait. Là, j'avais le Lapierre que je souhaitais avoir au départ. »

L'auditoire apprécie également le choc des générations et des idées. « Ç'a été un succès total. Jean est fait pour travailler avec un coanimateur. Ce n'est pas un animateur seul », affirme Paul Houde, qui aujourd'hui encore ne peut s'empêcher de parler de son ami au présent.

Richard Desmarais, le directeur de la station CKAC, est heureux d'avoir tenu bon. « [Jean Lapierre] était un si bon communicateur en personne que ça ne pouvait pas ne pas marcher. Avec le temps, on a eu raison. Il est probablement devenu le plus grand conteur politique que le Québec ait jamais connu. Personne n'a jamais réussi à rendre la politique aussi intéressante », tranche-t-il, visiblement fier de ce coup d'éclat radiophonique.

Pour sa part, Jean Cournoyer dit avoir apprécié l'intelligence des propos de Lapierre et la très grande expérience qu'il avait déjà malgré son jeune âge. Il ne tarit pas d'éloges sur lui : « Il avait un goût profond pour l'authenticité. Et en plus, c'était tout un raconteur. C'est pour ça qu'il était aimé, il parlait comme le monde et il parlait en connaissance de cause. »

Jean Lapierre invente son style en racontant en ondes ce qu'il a fait la veille, où il a mangé et qui il a rencontré. La « mémère Lapierre » est née. Les fidèles de l'émission se délectent de ces histoires. D'un air amusé, Cournoyer explique que, pour être sûrs de ne rien manquer, certains auditeurs attendent la fin de sa première intervention en ondes avant d'entrer dans les stationnements souterrains de Montréal. Le contexte aussi lui est favorable : le début des années 1990 est un âge d'or pour la radio au Québec.

Une amitié surprenante

C'est à cette époque que Jean Lapierre se lie d'amitié avec Chantal Hébert. La chroniqueuse politique le connaît peu, car ils n'ont pas vraiment eu l'occasion de se côtoyer jusque-là, pas plus pendant ses années de jeune député.

Au printemps 1995, Chantal Hébert, alors journaliste à *La Presse*, demande à s'entretenir avec le chef du Bloc québécois – qui forme alors l'opposition officielle –, de retour sur la colline parlementaire à Ottawa après avoir été amputé de la jambe gauche, conséquence d'une attaque de la bactérie mangeuse de chair. L'entrevue lui ayant été refusée, elle pond une chronique incisive sur la résurrection bien orchestrée du charismatique Lucien Bouchard.

Peu de temps après, Lapierre apprend que la journaliste le tient personnellement responsable du refus qu'elle a essuyé. Il l'invite à dîner afin de remettre les pendules à l'heure, et une fois le malentendu dissipé, ils commencent à se fréquenter régulièrement.

Dans les années post-référendaires, Chantal Hébert est amenée à couvrir différents événements politiques en compagnie de Jean Lapierre. Pendant la campagne qui précède les élections fédérales de 1997, elle prend la route avec lui et d'autres collègues des médias. Le commando qu'ils forment débarque sans prévenir dans des circonscriptions ou des bureaux de circonscription. Leur but : prendre le pouls de l'électorat et voir comment les candidats et les bénévoles se débrouillent.

« Il y a des places où on a découvert que les campagnes étaient tellement mortes – dont certaines campagnes conservatrices, en 1997 – que le courrier était empilé à la porte du bureau électoral. Personne n'était passé », raconte-t-elle, assise dans la salle à manger de son appartement de Montréal.

Elle se souvient comme si c'était hier d'une virée à Saint-Hyacinthe, dans la circonscription d'Yvan Loubier, candidat du Bloc québécois, en compagnie de Jean Lapierre et de leur collègue Michel C. Auger, alors au *Journal de Montréal*. En arrivant au local électoral sur l'heure du dîner, le trio constate que le personnel électoral est là, mais pas M. Loubier. Cornet de crème glacée à la main, ils attendent son retour en arpentant la rue Principale. Loubier arrive peu après en courant pour les rattraper. Il tient à ce que les analystes politiques le voient sur le terrain. « On a commencé à faire ce genre d'affaires-là. C'était assez l'*fun* d'ailleurs. Ça nous a permis de voir toutes sortes de choses dans les campagnes », relate Chantal Hébert.

Michel C. Auger garde lui aussi d'excellents souvenirs de ces virées en voiture aux quatre coins du Québec. « C'était toujours amusant. Pendant les élections, on partait avec un ou deux collègues et on allait faire le tour des comtés qui étaient censés être chauds. On voyait des choses sur le terrain qu'on n'aurait jamais su en restant dans le studio. »

La collaboration entre Jean Lapierre et ses collègues chroniqueurs se passe d'autant mieux qu'ils travaillent pour des médias différents, lui à la radio et la télé et eux dans la presse, si bien qu'ils ne se font pas concurrence. Et lorsque Chantal Hébert passe en ondes, Jean Lapierre se garde bien de l'écouter, et elle lui rend la pareille ! Cela leur permettait, selon elle, de ne pas s'influencer et d'éviter des prises de bec !

Un événement survenu en 1998 scelle une fois pour toutes cette amitié improbable entre l'animateur et la chroniqueuse. À l'issue de la campagne provinciale de novembre, Chantal Hébert apprend que *La Presse* ne fera plus appel à ses services. Jean l'invite alors à dîner pour discuter avec elle de son avenir et multiplie les démarches pour l'aider à se trouver un emploi. Elle reçoit même une offre de la part du nouveau premier ministre du Québec, Lucien Bouchard ! Elle finit toutefois par opter pour le *Toronto Star*.

Jamais Chantal Hébert n'oubliera l'écoute et l'attention dont son ami a fait preuve à son égard ni les efforts qu'il a déployés pour l'aider. « Quelqu'un qui l'appelait était toujours sûr qu'il allait être bien accueilli », dit-elle. Sa sollicitude à l'égard des autres a été maintes fois soulignée, non seulement par ses amis, mais aussi par des adversaires politiques. Séparations, pertes d'emploi, maladies, moments difficiles : Jean Lapierre répondait toujours présent.

« Jean ne laissait tomber personne, affirme Irène Marcheterre, qui a été sa directrice des communications lors de son second passage en politique. Quand il y avait des gens de l'autre côté de la chambre des Communes qui vivaient des moments difficiles, il les appelait. Moi, c'est de ce Jean-là que je souhaite qu'on se souvienne. Il a fait de la politique pour les vraies raisons. »

Après la défaite électorale du Parti québécois en 2014, Manuel Dionne, un ancien attaché de presse de Bernard

Drainville, raconte que Jean Lapierre l'a invité à dîner. « Il voulait me proposer, dans mes démarches pour me trouver un emploi, de le mettre comme référence. Il disait qu'il savait à quel point c'est difficile de se trouver une *job* après avoir fait de la politique, et il était prêt à parler pour moi », se souvient-il, encore touché et surpris par cette proposition dénuée de partisanerie. Lorsque la Fédération interprofessionnelle de la santé du Québec (FIQ) le contacte, Lapierre n'a que des bons mots à l'endroit de Dionne. « Je trouve que [cette anecdote] le décrit bien. Jean aimait fondamentalement les gens qui faisaient de la politique, peu importe le parti », témoigne celui qui a obtenu l'emploi convoité.

Les premiers pas à la télé

Jean Lapierre est un animateur radio aguerri lorsqu'on lui propose, au début des années 2000, de faire le saut à la télévision. C'est Luc Doyon, grand patron de la chaîne TQS à l'époque, qui le contacte. « Je l'écoutais régulièrement à Arcand le matin et je trouvais que son discours était toujours très divertissant et pertinent. Et il avait une influence certaine sur l'environnement politique au Québec », juge celui qui a pris à l'automne 2017 sa retraite de V, la chaîne qui a succédé à TQS.

Dès son arrivée à TQS, en 1997, Doyon s'affaire à donner une nouvelle orientation à la chaîne, en privilégiant l'information commentée, c'est-à-dire en accordant plus de place aux animateurs qu'aux journalistes et en leur permettant de donner leur opinion. Le premier à accepter ce pari est Jean-Luc Mongrain en 1999. Il donne le ton en présentant à l'heure du souper un bulletin où il commente les événements de l'actualité. Ses opinions provoquent des réactions, et ce nouveau style plaît aux téléspectateurs. Le succès étant au rendez-vous, Luc Doyon décide d'uniformiser les bulletins de nouvelles en adoptant la même approche le matin et en fin de soirée.

Pendant un an et demi environ, il s'emploie à courtiser Jean Lapierre. Une relation de confiance s'établit peu à peu entre les deux hommes, qui se rencontrent tous les trois mois. « Je trouvais qu'il avait sa place à notre antenne », fait valoir Luc Doyon.

Sentant que son ancien patron a des réticences, Martine Caza-Lenghan intervient auprès de lui pour le convaincre de prendre la barre du journal télévisé de fin de soirée. Elle va dîner avec lui pour comprendre ce qui le fait douter. « Il ne se trouvait pas beau à la télé. Il n'aimait pas son nez et il se trouvait gros. Il était un peu dodu à ce moment-là. C'était son insécurité. »

Jean Lapierre appréhendait aussi de devoir apprendre un nouveau métier. Mais l'ancien politicien est un homme tenace. Il décide de perdre du poids afin d'être prêt pour le petit écran. Il fait installer des appareils d'exercice chez lui et embauche un entraîneur personnel. « Ç'a marché. Ils ont conclu un *deal*, et là, ç'a encore été épouvantable », lance Martine en éclatant de rire.

De fait, à ses débuts, Jean Lapierre a de la difficulté à lire le téléprompteur. Maîtriser la télé s'avère aussi difficile qu'apprivoiser la radio. « Il avait un apprentissage à faire devant la caméra, alors on l'a aidé, précise Luc Doyon. Après ça, les choses se sont placées. Il a gagné de l'assurance, il a trouvé sa niche et il a pris sa place. »

Lapierre arrive au bulletin de 22 heures avec une approche innovante. Il n'y a pas de reportages enregistrés, uniquement des interventions en direct avec des journalistes. Et il donne son opinion sur l'actualité, une véritable révolution dans un bulletin d'information à l'époque. L'apprenti animateur sait qu'il n'a rien d'un lecteur de nouvelles, et s'il accepte de se lancer dans l'aventure, c'est seulement parce qu'il peut adopter ce style irrévérencieux.

Il est plutôt nerveux, confie-t-il à un journaliste, à la veille d'entrer en ondes à la télévision pour la première fois. « Je suis aussi fébrile que lors de ma première élection en 1979 ! La télévision, c'est gros et plus lourd que la radio. Je suis en période d'apprivoisement[2]. »

Tomber sous le charme

Denis Lévesque, alors lecteur de nouvelles à 22 heures, se souvient très bien de l'arrivée de Jean Lapierre à TQS. La direction lui promettait une émission d'entrevues, mais au lieu de ça, le réseau embauche Lapierre ! Vexé, l'animateur lui en veut un peu sur le coup. Mais dès leur première rencontre, il est charmé. « C'est l'homme le plus gentil du domaine des médias que j'ai rencontré, et j'en ai vu du monde en 40 ans. »

Il prête donc main-forte à Jean Lapierre afin de l'aider à apprivoiser le métier. Après tout, il en est à ses premières armes en télévision. Mais leur collaboration est de courte durée : un infarctus met Denis Lévesque au tapis pour plusieurs mois. Pendant sa convalescence, il constate, de son salon, les faiblesses de son collègue au *Grand Journal* de 22 heures. À son retour dans la salle de nouvelles, il

---

2. *La Voix de l'Est*, 27 août 2001, p. 5.

donne la réplique à son acolyte, une formule qui convient davantage à Lapierre. Grâce à cette nouvelle approche, les deux hommes dynamisent le bulletin de fin de soirée. Les cotes d'écoute augmentent, les nouveaux conseils de Denis Lévesque ont porté leurs fruits. « On avait une belle complicité, on a beaucoup, beaucoup ri », s'exclame-t-il en évoquant ces souvenirs.

C'est d'ailleurs à Jean Lapierre qu'il doit son plus grand fou rire en ondes. « Un jour, le pape Jean-Paul II était bien malade. C'était juste avant qu'il meure. On a fait des blagues avant d'entrer en ondes parce qu'il avait la diarrhée. On a fait un tas de *jokes* qu'on peut imaginer. Juste avant de commencer l'émission, [Jean] me regarde et me dit: "Ça a l'air que le pape est magané" et il se met à rire, avec les épaules qui montent et qui descendent. Et là, je me mets à rire, mais il ne faut pas que je rie, c'est bien important. Je me tords et je suis rouge comme une tomate, et là, je le vois qui rit, et qui rit! Et je me remets à rire. Ç'a duré une minute. On n'était pas capables de reprendre notre sérieux. Ç'a été mon plus grand fou rire à vie à la télévision. » Des années plus tard, l'animateur de LCN rit encore aux larmes en se rappelant cette anecdote.

La chaîne TQS est surnommée le « mouton noir de la télé », et pour cause: elle bouscule le milieu télévisuel. Des animateurs populaires comme Gilles Proulx, Jean-Luc Mongrain et Jean Lapierre lisent les nouvelles à la place de journalistes chevronnés. TQS se vante d'être le premier réseau à mélanger les genres et à faire de l'information spectacle, et elle le reconnaît ouvertement.

Jean Lapierre embrasse rapidement la formule de l'information commentée. Il échange avec les journalistes en ondes et donne son opinion sur les sujets du jour. « On m'embauche pour mon opinion et non pour mon objectivité[3] », réaffirme-t-il à ce sujet en 2002.

Il en est à sa troisième semaine à la barre de l'émission lorsque les attentats du 11 septembre 2001 frappent New York et Washington. Cet événement, d'une amplitude alors inégalée, représente tout un défi pour l'apprenti animateur qu'il est encore. Jean Lapierre souhaite aider les téléspectateurs à comprendre l'horreur qui vient de se produire. Toutefois, alors que tous les réseaux de télévision concurrents sont en direct à New York, TQS ne dispose pas de moyens aussi importants.

Il y a bien un journaliste de l'équipe qui se rend sur place, mais il doit seulement intervenir au premier bulletin de fin de soirée par téléphone. Cette journée-là, TVA est en émission spéciale et diffuse sans interruption publicitaire, un fait rare. Elle coiffe tous ses concurrents au Québec le jour des attentats, avec 509 000 téléspectateurs en moyenne, devant Radio-Canada, qui en rassemble 454 000, tandis que TQS ferme la marche, avec 256 000 téléspectateurs[4]. La tendance se maintient dans les semaines qui suivent.

Frustré, Jean Lapierre réalise alors que TQS va perdre la bataille qui l'oppose aux autres réseaux de télévision, une opinion que partage Luc Doyon : « On dominait en information à cette époque-là sur l'heure du souper, soupire-t-il, mais je savais que c'était terminé parce que TVA en avait profité pour ouvrir la machine. »

Serge Roux débarque à TQS plus d'un an après l'arrivée de Jean Lapierre à la barre du *Grand Journal* de 22 heures. Son mandat est de relancer l'émission, qui se cherche un

3. *La Voix de l'Est*, 13 juillet 2002, p. 35.
4. Source : sondage BBM. *Infopresse*, 14 septembre 2001.

peu : Lapierre n'arrive pas à donner le meilleur de lui-même dans ce cadre formaté par la lecture de nouvelles. « Je ne le trouvais pas bon, explique-t-il. Comment ça se faisait que le gars que j'écoutais à CKAC tous les matins avait l'air de ça en ondes le soir ? »

Lorsque commence la seconde guerre du Golfe en 2003, il est évident que des changements s'imposent. En tant que rédacteur en chef et producteur délégué, Serge Roux propose alors que Denis Lévesque présente les nouvelles en début d'émission, avant de passer le relais à Jean Lapierre, pour ses entrevues et son segment commentaire.

« C'est une formule qui était plus payante, estime Serge Roux. C'est quand même [Jean] qui était responsable de son *show*, qui l'animait, qui faisait l'ouverture, mais il confiait la partie plus difficile [à Denis]. On a réussi à en faire quelque chose, mais ça n'a jamais été à la hauteur de ce que l'on souhaitait. »

En janvier 2004, les cotes d'écoute du bulletin de fin de soirée de TQS restent décevantes, oscillant entre 150 000 et 200 000 téléspectateurs[5].

Comme le remarque Serge Roux, Jean Lapierre est animé par le désir de constamment s'améliorer. De surcroît, il est agréable de compagnie. De toutes les vedettes des médias avec qui il a travaillé, c'est lui qu'il a le plus apprécié, pour sa gentillesse incomparable et l'attention qu'il portait aux autres. Une personne « fidèle, loyale, et exigeante, mais juste. Je n'ai jamais retrouvé ça [chez quelqu'un d'autre]. Dans la catégorie bon gars, Jean n'avait pas son pareil. »

D'ailleurs, à son contact, Serge Roux décide de se fixer un objectif de vie : être « un peu plus Lapierre » ! « Je me

5. *Le Devoir*, 3 février 2004, p. A1.

demande souvent, quand je fais des bilans, si j'ai été un peu plus Lapierre cette semaine ou non. Ça veut tout simplement dire : Est-ce que tu as fait attention aux gens ? As-tu pris le temps d'appeler des gens à qui tu n'as pas parlé depuis longtemps ? Pas juste pour avoir de l'information et que ça te rapporte [quelque chose]. Juste pour dire que je t'apprécie, je suis là, et je veux prendre de tes nouvelles. Ça, c'est quelque chose que j'ai appris au contact de Jean », confie-t-il, la gorge nouée par l'émotion.

Sa baie James

À l'été 2002, CKAC envoie Jean Lapierre à la barre de l'émission du retour à la maison. C'est pour lui l'occasion de ne plus vivre des journées coupées en deux et de travailler davantage en continuité, de l'après-midi au soir. L'animateur réussit à attirer une audience moyenne au quart d'heure de 55 100 auditeurs, soit presque 10 000 de plus que son concurrent Simon Durivage, à Radio-Canada[6]. C'est une excellente performance, mais insuffisante pour se classer dans le top 10 des émissions de radio les plus écoutées à Montréal.

En plus de travailler pour CKAC et TQS, Jean Lapierre commente aussi la politique sur les ondes du réseau anglophone CTV et collabore avec le magazine économique hebdomadaire *Les Affaires* et le quotidien *Globe and Mail.*

À cette époque, il a un emploi du temps quasiment aussi occupé qu'un premier ministre. Il livre ses commentaires politiques à la radio le matin, anime son émission

6. Source : sondage BBM, automne 2002.

à CKAC et tient la barre du *Grand Journal* de 22 heures ; un rythme effréné qu'il ne pourra pas maintenir pendant de nombreuses années. Ce moment de sa vie, il le décrit comme sa baie James, des années où il ne fait pratiquement rien d'autre qu'acquérir de l'expérience et garnir ses coffres.

Travailler en soirée va à l'encontre de ses habitudes, lui qui est plutôt un couche-tôt. Selon son ami Marc Bruneau, c'est une période difficile pour Jean parce qu'il ne peut plus aller souper au restaurant avec des amis ou des contacts. « Ç'a été un moment *tough*, car il avait un peu perdu ses soirées, il avait perdu son équilibre. »

Malgré tout, après son bulletin de fin de soirée, il lui arrive souvent de sortir et d'aller casser la croûte en bonne compagnie, notamment avec Mario Dumont. « Ça m'est arrivé quelquefois d'aller souper avec lui au restaurant à 23 heures, après le bulletin, confie ce dernier. C'était son drame de ne pas pouvoir aller souper. »

Jean Lapierre est d'ailleurs un grand amoureux des restaurants. Il y va chaque midi, et souvent le soir. Les jours où il ne va pas manger au resto au moins une fois sont l'exception, et non la règle : « Dans une année, [on peut les] compter sur les doigts d'une main », affirme Marie-Anne. Le Milos et le défunt Latini comptent parmi ses restaurants préférés, et il en découvre de nouveaux chaque semaine, des coups de cœur qu'il fait découvrir à ses proches.

Les liaisons dangereuses

Parallèlement à son travail dans les médias, Jean Lapierre enregistre dès 1992 une entreprise de conseil dans le domaine des communications. Il devient ainsi consultant pour des entreprises comme Onex, Loblaws, Imperial Tobacco et Réno-Dépôt, en plus de siéger au conseil consultatif de compagnies telles que Cisco Systems et Rogers. Hyperactif, il multiplie les conférences devant des associations, notamment dans les domaines pharmaceutique et syndical. Cette nouvelle corde à son arc en fait sourciller plus d'un dans la communauté journalistique.

Dans l'entrevue qu'il accorde à *L'actualité* en 2002, il soutient que ses clients sont tous identifiés dans son curriculum vitae. L'analyste se fait un point d'honneur de ne pas facturer les conférences qu'il donne pour les syndicats, afin de se garder tout le loisir de les critiquer s'il le souhaite. « Dans tous mes contrats, je tiens à garder le privilège de faire de l'analyse politique, des conférences, de l'analyse stratégique[7] », soutient-il. Selon lui, ceux qui font appel à ses services veulent simplement comprendre les tendances actuelles ou mieux apprivoiser l'univers médiatique. « J'étais analyste pour plusieurs compagnies et plusieurs entreprises, dit-il dans une autre entrevue, en 2005. Il n'y a jamais eu de cachette là-dessus. Mon métier, c'était de faire de l'analyse politique, mais je n'ai jamais [facturé] pour des rendez-vous ou quoi que ce soit[8]. »

Jean Lapierre a toujours soutenu qu'il n'est pas un lobbyiste. Vérification faite, son entreprise n'a jamais obtenu de contrat public ni été enregistrée au Registre des lobbyistes. Elle est demeurée active jusqu'à son décès.

Ce cumul d'emplois lui attire des critiques. Ainsi, Jean Cournoyer mentionne en ondes que Jean Lapierre est consultant pour des entreprises pharmaceutiques, afin que

---

7. *L'actualité*, 1er décembre 2002.
8. Cyberpresse, 12 avril 2005.

les auditeurs gardent l'information à l'esprit lorsque ces sujets sont abordés. Son impartialité est remise en doute en 2011 lorsque *La Presse* révèle que l'Association du camionnage du Québec l'a embauché pour donner une conférence. Au même moment, Jean Lapierre critique publiquement une proposition visant à imposer un péage aux camionneurs qui emprunteront le nouveau pont Champlain à Montréal. À ses yeux, il n'y a aucun lien entre les deux événements et il soutient avoir livré le fond de sa pensée.

Bien qu'il ait souvent répété qu'il n'est pas journaliste, Jean Lapierre a bien été membre de la Fédération professionnelle des journalistes du Québec (FPJQ) de 1993 à 1999, en tant qu'animateur-chroniqueur. Selon la FPJQ, le terme « journaliste » désigne toute personne qui exerce une fonction de journaliste pour le compte d'une entreprise de presse. Cela concerne autant la diffusion d'informations que la diffusion d'opinions dans l'espace public.

Cela rend contestable l'interprétation de Lapierre, estime Marc-François Bernier, professeur en communication à l'Université d'Ottawa. « Il jouait sur les mots là-dessus. Il faisait du journalisme. Du journalisme d'opinion, c'est du journalisme. Il avait des activités journalistiques, faisait du commentaire, de l'analyse, des fois il sortait des *scoops*. Il faisait plein de choses que font les journalistes », explique ce spécialiste en éthique du journalisme.

Ce n'était pas ce que Lapierre disait qui pouvait poser un problème, d'ajouter le professeur Bernier, mais plutôt tout ce qu'il savait et ne disait pas par loyauté pour des clients ou des amis. Ce sont des choses que le public a le droit de savoir, plaide-t-il : « Ça posait un problème lié aux conflits d'intérêt. » Les deux hommes en avaient discuté en privé, mais Lapierre ne partageait pas son point de vue.

Dans une chronique parue dans *Le Devoir* quelques jours après le décès de Jean Lapierre, Michel David relève cette apparente contradiction et affirme que l'ancien politicien et analyste suscitait un malaise au sein de la confrérie journalistique. « Lui-même ne se présentait pas comme un journaliste, mais simplement comme un commentateur. Il se sentait dès lors autorisé à mélanger les genres d'une manière interdite aux journalistes "normaux"[9] », soutient-il.

Cette critique publiée très peu de temps après la tragédie choque des proches de Jean Lapierre. Michel David estime que cet aspect ne pouvait être ignoré et qu'au surplus, son collègue aurait été le premier à dénoncer le concert d'éloges qui a suivi son décès. En acceptant des contrats pour des entreprises, Jean Lapierre pouvait se placer dans une situation difficile s'il avait à commenter des dossiers qui touchaient ses clients, croit Michel David. « Le problème, c'est que, des fois, quand il prenait position, on pouvait se demander : "Mais au nom de qui parle-t-il ?" Je pense que ça pouvait introduire une confusion dans ses commentaires. Mais je constate aussi que le public ne lui en tenait pas rigueur », admet-il avec le recul.

Pour sa part, Paul Larocque s'indigne des attaques portées contre l'intégrité de son ami. Selon lui, son collègue a toujours gardé sa liberté de parole. « Jean n'a jamais prétendu être journaliste. Il disait : "Je suis commentateur, analyste, mais pas journaliste, et la nuance est super importante." Qu'on me [cite un cas où il aurait] protégé quelqu'un en ondes, moi je n'en trouve pas. Je ne dis pas

9. *Le Devoir*, 31 mars 2016, p. A3.

qu'il était parfait, mais tout ce que j'ai vu de lui était d'une grande intégrité. »

La chroniqueuse Chantal Hébert ne se formalise pas du style de Lapierre, dont les propos tenaient parfois de l'équilibrisme lorsqu'il parlait en ondes de gens qu'il connaissait bien. « Ça ne me dérangeait pas, dans la mesure où Jean faisait des détours pour dire qu'il n'était pas journaliste. Personne n'a essayé de le faire passer pour un journaliste. Mais j'imagine que si la moitié des journalistes politiques l'écoutaient le matin, c'est parce qu'il faisait des choses qu'eux n'avaient pas réussi à faire. »

L'animateur et analyste politique Michel C. Auger va dans le même sens, lui qui appréciait la transparence de Lapierre. « Oui, il y avait un mélange des genres, mais au moins il ne le cachait pas. »

Ses services-conseils semblaient à tout le moins appréciés. Au dire de Jean-Guy Goulet, qui l'a embauché comme conférencier à l'Association canadienne du médicament générique vers la fin des années 1990, Jean Lapierre était un analyste avisé. Son mandat était de conseiller l'organisation à propos des rouages politiques et de la perception du public. « La force de Jean, c'était d'avoir le pouls du consommateur. Il était très fort pour dire si vous alliez avoir le vent dans le visage ou [...] dans le dos. Il n'était pas lobbyiste, il n'a jamais fait un appel pour une compagnie. » Selon l'homme d'affaires, maintenant chef de l'exploitation de Pharmascience, « c'était hyper clair dès le premier jour ».

D'après Laurent Beaudoin[10], l'ancien président de Bombardier, les contacts d'affaires de Jean Lapierre cherchaient la même chose que ses auditeurs, c'est-à-dire son

10. Il est le dernier à avoir partagé un lunch d'affaires avec Lapierre, en mars 2016.

sens de l'analyse et sa connaissance intime des coulisses de la politique. « Jean était au courant de ce qui se passait dans le milieu. J'appréciais ses points de vue. Comme on est souvent dans les nouvelles, on voulait savoir s'il y avait des choses qu'on pouvait faire différemment. On voulait savoir comment il percevait notre situation, surtout depuis qu'il n'était plus en politique. »

Les amitiés de Jean Lapierre, avec des souverainistes comme des fédéralistes, ne l'empêchaient pas d'exercer son jugement, renchérit Paul Larocque. Il pouvait être le critique le plus impitoyable et le plus féroce lorsque les gens autour de lui faisaient des erreurs.

Gilles Duceppe est bien placé pour le savoir. Il n'a pas oublié les reproches que l'ancien bloquiste lui a faits pendant la campagne électorale de 1997, désastreuse pour le chef du Bloc québécois. Durant cette campagne, Duceppe se fait photographier avec un bonnet en plastique comme on en porte lorsqu'on visite une fromagerie, une image qui le suivra pendant des années et dont les caricaturistes vont se délecter. « Il m'avait critiqué plus qu'il n'en fallait, mais c'était son droit, c'est la liberté de presse. Mais ç'a créé un froid. » Les deux hommes se sont réconciliés des années plus tard.

Pour l'ancien premier ministre québécois Lucien Bouchard, qui a lui aussi goûté à sa médecine alors qu'il dirigeait le Parti québécois, Lapierre s'est attiré des critiques de la part de gens qui étaient peut-être envieux. « Des journalistes, des collègues et des confrères étaient assez durs envers lui. Il y a des gens qui étaient incommodés par sa grande popularité et son influence. Il était écouté comme c'est pas possible. »

Le souverainiste ?

Caméléon, girouette : ces mots reviennent souvent pour qualifier le parcours politique sinueux de Jean Lapierre, qui a été successivement libéral et membre fondateur du Bloc québécois. À tout le moins, son cheminement a été à la fois atypique et surprenant.

« Je voyais son louvoiement politique », explique Michel David, qui ne le « lui reproche pas nécessairement », tout en estimant qu'il fallait en faire état après son décès. « Il y a eu un certain opportunisme dans ses choix politiques, opportunisme dans le sens de profiter des circonstances. Je ne dis pas que c'était de la malhonnêteté intellectuelle, mais c'était un politicien qui savait de quel côté son pain était beurré. »

À l'appui de ses propos, le chroniqueur du *Devoir* donne deux exemples. Quand il quitte les libéraux en 1990, Jean Lapierre en a contre Jean Chrétien, qui vient d'être élu chef, mais il sait aussi qu'après avoir appuyé son rival Paul Martin, il n'a plus aucun avenir au Parti libéral. Sa sortie était donc un risque calculé et bien planifié. Ensuite, il cofonde le Bloc québécois, mais le fait avec la bénédiction de Robert Bourassa. Finalement, il quitte ce nouveau parti avant de se présenter sous cette bannière souverainiste aux élections. Ainsi, Jean Lapierre se désiste avant de trop se commettre.

Alors, fédéraliste ou souverainiste ? Cette ambivalence, ou plutôt ce paradoxe, va le suivre jusque dans l'isoloir. S'il a toujours soutenu avoir voté NON au premier référendum sur la souveraineté du Québec en 1980 – il l'a d'ailleurs affirmé haut et fort à la Chambre des communes –, il n'a cependant jamais parlé publiquement de son vote au référendum de 1995. Quand, dix ans plus tard, Paul Arcand lui demande de but en blanc comment il a voté en 1995, Jean Lapierre laisse tomber une réponse surprenante : « Je ne m'en souviens plus ! » À l'époque du deuxième référendum, Lapierre avait amorcé sa première carrière dans les médias et voulait garder son opinion politique pour lui.

Mais Gilles Duceppe soutient, lui, savoir de quel côté il a voté. « Il avait voté OUI au référendum de 1995. Il me l'a dit », affirme-t-il sans détour. Duceppe se souvient aussi de l'avoir vu livrer des discours souverainistes passionnés en 1991 et 1992 lors des premiers rassemblements du Bloc québécois. Il reste toutefois bien peu de traces de cette brève incursion souverainiste : trois courtes vidéos circulant sur le web où on le voit rendre hommage aux militants bloquistes de la première heure qui ont gardé la flamme allumée[11]. Le 19 juin 1992, lors d'un discours devant la chambre de commerce de Granby, il fait cette profession de foi souverainiste : « Il nous est possible de gagner un référendum, mais encore mieux la souveraineté[12]. »

L'animateur Mario Dumont partage cette lecture des événements. « Ce que je comprends, pour en avoir discuté avec lui, c'est qu'il a voté OUI, mais avec des réserves et des inquiétudes, afin de ne pas renier sa démarche avec le Bloc. »

Bernard Poulin, un de ses meilleurs amis, ne se souvient pas avoir discuté du vote de 1995 avec lui. Il croit néanmoins que c'est plausible qu'il ait opté pour le camp des souverainistes. « Le fait qu'il ne me l'ait pas dit, ça

11. Ces discours peuvent être visionnés sur YouTube : www.youtube.com/watch?v=PxaFpDjJ-CaU ; www.youtube.com/watch?v=LMyRAF0on-U ; www.youtube.com/watch?v=L-V9nV0N9WEg. Il n'a pas été possible de déterminer les lieux et les dates de ces discours.

12. *La rébellion tranquille*, *op. cit.*, p. 138.

sous-entend qu'il a voté OUI. Je pense qu'il avait peut-être honte de le dire. Il ne s'en vantait pas.» Cependant, si son ami a voté OUI, ajoute l'homme d'affaires, c'était pour encourager de nouvelles négociations avec le fédéral.

D'autres acteurs de l'époque n'ont pas la même lecture des événements. En 1995, Jean Lapierre a hésité jusqu'à ce qu'il dépose son bulletin dans l'urne, admet l'organisateur libéral Pierre Bibeau, avec qui il échangeait alors sur la question. L'ex-politicien avait confiance en Lucien Bouchard et Mario Dumont, qui avaient rejoint le camp du OUI, et l'échec de Meech, qui l'avait beaucoup déçu, devait également jouer en faveur de cette option. Toutefois, l'empressement avec lequel Jacques Parizeau entendait réaliser la souveraineté et l'engagement d'André Ouellet, son père en politique, dans la campagne référendaire, faisaient plutôt pencher la balance du côté du NON. « Ce n'était pas un souverainiste, c'était un nationaliste. Jean a toujours été fédéraliste. Mais ce n'est pas impossible qu'il ait voté OUI », croit Bibeau, qui n'a jamais plus discuté du sujet avec son ami. « Il a été déchiré jusque dans l'isoloir. Il y avait des raisons qui l'incitaient à voter OUI et il y avait d'autres raisons qui l'incitaient à voter NON. Qu'est-ce qui a été le plus fort ? Je ne le sais pas. Mon *feeling*, c'est qu'il a voté NON.»

Pour sa part, Paul Houde a toujours vu en Jean Lapierre un « souverainiste d'occasion ». « Je ne l'ai jamais vu comme un véritable souverainiste pur et dur. Je pense que c'est le dégoût de Meech qui l'a écœuré et qui l'a poussé à faire ce plongeon, sans trop d'eau dans la piscine, avec le Bloc.»

Un dénominateur commun semble toutefois ressortir des témoignages : Jean Lapierre considérait l'option souverainiste comme légitime. Dans une entrevue accordée peu de temps avant sa mort à l'humoriste Guy

Nantel, dans le cadre d'un essai que celui-ci a consacré au Québec, Lapierre fait cette remarque intéressante: « Dans tous les scénarios, y compris dans celui où le Québec demeure une fois pour toutes à l'intérieur de la fédération canadienne, le Québec doit rester souverainiste. Le jour où les Québécois cesseront de mener cette bataille pour la langue française et pour notre culture, il est certain que nous allons disparaître[13]. »

Retour au bercail

Jean Lapierre a quitté la politique, mais la politique n'a jamais vraiment quitté Jean Lapierre. Il est régulièrement courtisé par des organisateurs libéraux. En janvier 2004, il se laisse finalement séduire par le nouveau premier ministre, Paul Martin, qui succède à Jean Chrétien en décembre 2003, après une longue lutte entre les deux clans. « Le seul homme qui pouvait me ramener en politique, déclare Lapierre, c'est Paul Martin[14]. »

Quatorze ans après avoir quitté les libéraux, déçu de l'échec de Meech, et après un « petit pas de côté » au Bloc, Jean Lapierre croit que les fédéralistes qui, comme lui, avaient perdu leurs illusions, peuvent revenir au Parti libéral.

Même s'il avait raccroché les gants depuis un bon moment, il décide de remonter sur le ring pour un dernier affrontement. « La question que je me suis posée, quand

13. Guy Nantel, *Je me souviens… de rien. Quelques réflexions de tête et de cœur sur un Québec sclérosé*, Boucherville, Éditions Groupe entourage, 2017, p. 176.
14. *La Voix de l'Est*, 6 février 2004, p. 3.

Paul Martin est descendu à mon chalet au lac Brome, c'est: "Si je dis non, est-ce que je vais le regretter le restant de mes jours?" Et j'en suis venu à la conclusion que oui, je l'aurais regretté», confie-t-il en janvier 2016[15].

Paul Martin n'a pas de difficulté à convaincre son fidèle allié. « Pour lui, le plus facile à faire quand je lui ai demandé de revenir, c'était de dire non. Mais il dit oui. On parle souvent des politiciens qui prennent des décisions politiques. Ça, ce n'était pas une décision politique, c'était la décision de quelqu'un qui voulait que le pays fonctionne. Il a fait ça pour moi, oui, mais fondamentalement il l'a fait pour le Québec, il l'a fait pour le Canada. Il croyait aux deux.»

Une des premières personnes à qui Lapierre fait part de sa décision est son ami et chef du Bloc québécois Gilles Duceppe. Le matin du 1er janvier 2004, Jean demande à le voir dans un endroit à l'abri des regards. Ils se retrouvent à l'hôtel Ramada Inn, au coin des rues Viau et Sherbrooke, à Montréal.

« Il m'annonce qu'il revient en politique, que le Bloc est fini. Je lui ai répondu qu'il avait beau avoir de l'avance dans les sondages, mais que c'était eux qui allaient en manger une maudite! s'esclaffe Duceppe. Il voulait que notre amitié soit préservée, mais c'est difficile quand tu t'affrontes.»

Les proches du commentateur ne sont pas surpris de sa décision. « Il voulait vivre la vie de ministre. Il voulait vivre ça», insiste Luc Normandin. Lors de sa première expérience ministérielle, Lapierre n'était pas un intime du premier ministre. Cette fois-ci, il a la chance de devenir son bras droit et d'être admis dans le cercle restreint du pouvoir. Marie-Anne Lapierre se souvient de l'enthousiasme de

---

15. *Jean Lapierre se raconte*, entrevue citée.

son père. « Il était tellement heureux d'y retourner, il était comme un poisson dans l'eau », raconte-t-elle.

Le 2 février 2004, Jean Lapierre dit adieu à ses auditeurs de l'émission du retour à la maison, qu'il anime à CKAC. Il n'a pas l'occasion de le faire à TQS, où il est remplacé le soir même.

En remontant dans l'arène politique, Lapierre est convaincu que Paul Martin va remporter une grande victoire, car il croit que « les astres sont bien positionnés ». Son but est de l'accompagner pour un mandat de quatre ans avant de tirer sa révérence pour de bon. D'après lui, le *timing* est idéal pour réussir son retour en politique dans un gouvernement majoritaire.

Mais il est loin de se douter de ce qui l'attend. Depuis 2002, un orage couve : le vent a commencé à souffler, lentement au début, puis s'est intensifié au point de se transformer en véritable tourbillon. Le scandale des commandites sera un des plus gros scandales politiques de l'histoire du pays. Et Jean Lapierre va se retrouver au cœur de la tempête.

CHAPITRE 4

UN RETOUR EN POLITIQUE MOUVEMENTÉ

Quand un politicien n'est pas cru, il est cuit!
JEAN LAPIERRE

Paul Martin déroule le tapis rouge devant Jean Lapierre, qui se présente dans la forteresse libérale d'Outremont, où il réside, et non dans son ancien fief de Shefford. Pour bien marquer la rupture avec son passé bloquiste, il annonce son retour le 5 février 2004 lors d'une conférence de presse dont le décor est soigneusement conçu. Entouré de fleurs blanches et rouges, il se tient devant une rangée de drapeaux du Québec et du Canada bien alignés.

La mise en scène ne convainc cependant pas tout le monde. Des militants libéraux s'insurgent. Un souverainiste parmi les fédéralistes? Une hérésie! Lapierre s'emploie à banaliser son incartade souverainiste, qualifiant même le Bloc québécois de «passé date». Il a droit à un barrage de questions, surtout au sujet de ses conversions politiques et de ses amitiés avec Lucien Bouchard et Gilles Duceppe.

«Jean Lapierre n'est pas un séparatiste», se croit tenu de préciser le premier ministre Paul Martin lorsqu'il présente son candidat vedette. «Vous savez, il y a une chose qu'on a besoin de faire maintenant, avec un nouveau gouvernement, un nouveau Parlement et une nouvelle vision, c'est l'ouverture au Québec. Et certainement, Jean Lapierre incarne cette ouverture[1]. »

Le jour même, Lapierre est sacré lieutenant du Québec. Le signal est clair, il est destiné à devenir le ministre québécois le plus influent dans un gouvernement Martin. Qui est mieux placé pour affronter le Bloc québécois qu'un bloquiste de la première heure ?

Lapierre met tout de suite à l'épreuve les nerfs de sa nouvelle équipe politique. Dès sa première conférence de presse, il décrie la Loi sur la clarté, adoptée par les libéraux fédéraux alors qu'il travaillait dans les médias. « Je ne pense pas qu'elle sera jamais utilisée parce que nous n'aurons pas de référendum bientôt. Et franchement, si vous voulez mon opinion, je pense que c'est inutile, [cette] loi, parce que s'il y a une véritable volonté de se séparer au Québec, une volonté claire de se séparer, vous ne serez pas capables [de l'arrêter] en ayant recours à des astuces[2] », lance-t-il, vexant au passage le père de la loi, l'ancien ministre Stéphane Dion, ainsi que les militants libéraux du reste du pays qui y sont favorables.

Paul Martin se voit forcé de désavouer sa recrue dès le premier jour. Par la voix d'un de ses conseillers, il réitère son soutien à la Loi sur la clarté et minimise les propos de son lieutenant. Tout un retour !

Parfum de scandale

Au début de l'année 2004, Jean Lapierre tente de convaincre son amie Chantal Hébert de faire le saut avec lui. Le bureau

1. *Le Quotidien*, 6 février 2004, p. 10.
2. *Le Devoir*, 6 février 2004, p. A1.

du nouveau premier ministre lui offre un poste aux communications, mais la journaliste décline poliment la proposition.

Peu de temps après cette rencontre, confie-t-elle, elle apprend que ses interlocuteurs avaient pris connaissance du rapport de la vérificatrice générale sur les commandites. Les libéraux voulaient-ils recruter des gens irréprochables afin de gérer la crise et d'affronter la tempête à venir ? « Je n'ai pas trouvé ça très admirable de chercher à engager des gens en sachant ce qui s'en venait, sans le dire », raconte-t-elle. Mais Chantal Hébert ne s'est pas indignée bien longtemps, car ses interlocuteurs ne pouvaient pas la mettre au parfum des conclusions du rapport sans la placer en conflit d'intérêts.

Lorsqu'il décide de revenir en politique, Jean Lapierre est-il lui-même au fait du contenu explosif du rapport de Sheila Fraser ? « Absolument, il était au courant, affirme Paul Martin. On en a discuté longuement. » Malgré les écueils anticipés, il a fait preuve d'abnégation pour servir son pays, estime l'ancien premier ministre. « Jean savait que ce serait difficile. Il était au courant de tout et il a décidé de venir quand même. C'est une indication de son courage. »

Le rapport est dévoilé le 10 février 2004, seulement cinq jours après son retour en politique. Jean Chrétien avait déjà reçu le rapport en novembre 2003, et il aurait pu le rendre public. Il a plutôt choisi de proroger le Parlement et de laisser cette bombe à retardement en cadeau à son grand rival et successeur. Et la déflagration, comme prévu, lui éclate en plein visage.

Le rapport de la vérificatrice générale contient des révélations troublantes : de 1997 à 2003, le gouvernement du Canada a dépensé plus de 250 millions de dollars dans un programme de commandites, dont une très généreuse commission de plus de 100 millions versée à des agences de publicité et de communications.

Le programme des commandites avait été mis sur pied par le gouvernement Chrétien dans le but d'augmenter la visibilité du fédéral au Québec à la suite du résultat très serré au référendum sur la souveraineté de 1995. Par exemple, en échange de financements, certains organismes affichaient des drapeaux canadiens ou le mot Canada dans leurs événements.

Comme le démontrait déjà un premier rapport de la vérificatrice générale en 2002, des contrats avaient été octroyés à Groupaction sans qu'aucune règle ne soit respectée, et le dossier avait été transmis à la GRC. Le rapport de 2004, plus complet, porte sur l'ensemble du programme des commandites et cite des exemples troublants de fausses factures et d'absence de contrats.

« C'est un cas flagrant de détournement de fonds publics. C'est profondément troublant. Les mots me manquent, s'indigne Sheila Fraser en conférence de presse à Ottawa. Je suis en colère à chaque fois que je relis ce rapport[3]. »

Le scandale fait grand bruit au pays. Le jour même, Paul Martin déclenche une commission d'enquête qui sera présidée par le juge John Gomery de la Cour supérieure du Québec. Il se range derrière l'avis de ses conseillers et des députés du Canada anglais, contre celui de son lieutenant Lapierre et du reste de la députation québécoise, qui ne souhaitaient pas une telle enquête publique.

Le premier ministre démet aussi de ses fonctions l'ambassadeur du Canada au Danemark, Alfonso Gagliano,

---

3. *La Presse*, 11 février 2004, p. A1.

l'ancien ministre des Travaux publics responsable du programme des commandites, et mandate un avocat pour recouvrer les fonds obtenus de manière inappropriée.

Ces décisions rapides du premier ministre sont les premiers éléments d'une stratégie de défense. Paul Martin entreprend ensuite une tournée pancanadienne – le « *mad as hell tour*[4] », comme l'ont appelée les médias anglophones – durant laquelle il clame haut et fort la colère que lui inspire l'étendue du scandale hérité de l'ère Chrétien.

Encore aujourd'hui, Paul Martin soutient n'avoir été témoin d'aucune de ces dépenses frauduleuses. Dans son rapport, le juge Gomery le blanchit d'ailleurs de toute accusation.

Du poisson et des tapis

Les troupes libérales traversent des semaines difficiles après le dépôt du rapport. Le parti chute dans les intentions de vote, un sondage indique même une baisse de 17 % en une seule nuit. De quoi bousculer les plans du premier ministre Martin, qui envisageait de déclencher des élections hâtives. Avant la sortie du rapport sur les commandites, son gouvernement était presque assuré d'être majoritaire. « Paul Martin était vraiment fort. On avait des sondages où on gagnait au-dessus de 60 comtés au Québec », se rappelle Richard Mimeau, qui a travaillé à la campagne des libéraux fédéraux, puis au bureau de Jean Lapierre.

Malgré la tourmente, Paul Martin maintient son agenda électoral, car il ne veut pas devenir un canard boiteux.

4. Dans *Contre vents et marées*, son autobiographie publiée en 2008, Paul Martin traduit cette expression par « tournée en beau joual vert » (p. 339).

C'est dans ce contexte que Jean Lapierre se lance dans une tournée préélectorale au Québec. En deux semaines, le candidat dans Outremont multiplie les visites et les entrevues dans les médias. Avec son franc-parler, il compare le scandale des commandites à un vieux poisson pourri retrouvé dans un réfrigérateur. Il faut sortir le « Spic and Span » pour frotter l'héritage légué par l'administration précédente, dit-il. Ses propos provoquent un tollé au sein du caucus libéral, et Jean Chrétien ne les digère pas.

Lapierre fait une autre déclaration-choc qui irrite ses collègues du Canada anglais. En mars 2004, lors d'une conférence à Granby, il s'en prend directement à Jean Pelletier, ancien chef de cabinet et ami de longue date de Chrétien. Le président de Via Rail avait qualifié de « pauvre fille » l'ex-championne olympique Myriam Bédard, qui avait critiqué certains agissements au sein de la société de la Couronne[5]. Lapierre juge les propos de Pelletier « inacceptables » et reprend l'allégorie du ménage du printemps pour l'attaquer. « Il faut sortir nos tapis. Il y en a quelques-uns qu'on va même mettre aux vidanges[6] », lance le lieutenant du Québec devant une centaine de personnes à l'hôtel Castel de Granby[7].

Cette attaque pique Jean Chrétien au vif. Quelques mois plus tard, lors du Bal de la jonquille à Montréal, il profite de l'occasion pour apostropher son ancien adversaire et lui

---

5. Selon *La Presse* (27 février 2004), elle affirme avoir été « tassée » de son poste chez Via Rail en raison du scandale des commandites. Elle aurait été témoin de factures « gonflées », établies par l'agence de publicité Groupaction.
6. *La Voix de l'Est*, 2 mars 2004, p. 3.
7. Les déclarations de Jean Pelletier lui font perdre son poste. Il conteste son congédiement et poursuit le gouvernement fédéral. La Cour fédérale annule sa destitution en novembre 2005, mais il est à nouveau congédié en décembre de la même année. La Cour d'appel donne finalement gain de cause au gouvernement, après le décès de Jean Pelletier survenu en 2009.

dire à quel point il est choqué du traitement réservé à son ami et ancien chef de cabinet. La relation entre les deux hommes, qui n'était déjà pas au beau fixe, ne s'améliorera pas à la suite de cet incident.

Des citoyens en colère

Le 23 mai 2004, la campagne électorale est finalement déclenchée. Les effets délétères du scandale des commandites coûtent cher à Jean Lapierre. Dans sa circonscription d'Outremont, ses pancartes sont vandalisées: «menteur», «voleur», «crosseur», «cocu», tout y passe. Ses enfants se souviennent que cette campagne est difficile pour leur père, mais, assurent-ils, cela ne l'a jamais empêché de dormir. Les deux jeunes adultes sont habitués à ce qu'il soit dans l'œil du public, et ils sont fiers de le voir se battre dans l'arène politique.

Jean-Michel se souvient d'une journée de porte-à-porte particulièrement difficile dans le quartier portugais du Mile-End pendant l'Euro 2004. Le Portugal, hôte de l'événement, fait partie des pays favoris et ne va ultimement s'incliner qu'en finale. Les partisans portugais au Québec exultent. «Les gens nous ouvraient la porte en plein match de football et nous regardaient avec une face qui disait: "Mais qu'est-ce que vous faites là!"»

Richard Mimeau se souvient de la colère de la population. À au moins une occasion, les membres de l'équipe électorale constatent que les boîtes de poulet qu'ils se sont fait livrer comportent un supplément surprise. «Il y avait du caca dans le poulet. Après, on ne se faisait plus rien livrer. J'envoyais des gens acheter du stock. Il ne fallait pas dire d'où on venait. Ç'a été un épisode fou.»

Malgré tous les efforts déployés, la campagne électorale libérale navigue en eaux troubles, tandis que le Bloc québécois, lui, est poussé par des vents favorables. Au début juin, Jean Lapierre puise dans ses talents de communicateur pour enregistrer des capsules vidéo. Le but ? Convaincre les Québécois d'appuyer son parti en brandissant le spectre de la peur. « Un vote pour le Bloc, ça affaiblit Paul Martin, qui est l'homme le plus compétent pour être premier ministre du Canada. Et là, on peut se ramasser avec une surprise : un gouvernement de Stephen Harper. Il ne correspond en rien aux valeurs québécoises. [...] Un vote pour le Bloc peut cacher un appui tacite à Stephen Harper, et ce n'est pas ça que les Québécois veulent », clame-t-il.

En fin de campagne, Jean Lapierre est si peu confiant qu'il évoque publiquement l'idée que son parti pourrait ne former qu'un gouvernement minoritaire. La candeur du lieutenant québécois fait bondir les troupes libérales et force Paul Martin à rectifier le tir. Une fois de plus, Jean Lapierre fait des vagues.

Le 28 juin 2004, comme l'avait anticipé Lapierre, les libéraux forment un gouvernement minoritaire. L'équipe de Paul Martin perd 16 députés au Québec, n'en faisant élire que 21. Le Bloc, lui, répète son exploit de 1993 en envoyant 54 représentants à la Chambre des communes.

Le réveil est pénible pour les rouges, malgré cette victoire à l'arraché. Réunis en caucus au lac Brome, les libéraux québécois tracent un bilan mitigé de leur campagne. « Les Québécois ont voulu nous passer un message, de même que plusieurs libéraux[8] », reconnaît Jean Lapierre. Le

---

8. *La Voix de l'Est*, 10 juillet 2004, p. 2.

lieutenant de Paul Martin se dit prêt à encaisser les coups, comparant sa fonction à celle d'un *punching bag*.

Les commandites, encore et toujours

Les mois qui suivent sont l'occasion de mettre à l'épreuve les aptitudes du lieutenant du Québec. Jean Lapierre est nommé ministre des Transports après la victoire, et le scandale des commandites occupe une bonne partie de son temps. La Commission d'enquête sur le programme de commandites et les activités publicitaires – mieux connue sous le nom de commission Gomery – commence à siéger en septembre 2004. Dès lors, les audiences, diffusées en direct à la télévision, retiennent chaque jour l'attention des médias et du public.

Les révélations-chocs se multiplient. Au fil des 184 témoins qui se présentent devant le juge Gomery, de véritables petits séismes politiques ébranlent les colonnes du temple libéral. Jean Brault, ancien dirigeant de l'agence de publicité Groupaction, livre un des témoignages les plus explosifs en dévoilant les dessous du scandale. En échange de contrats de publicité gouvernementale du fédéral, Brault affirme avoir versé plus de 1,2 million de dollars en financement illicite au Parti libéral du Canada entre 1996 et 2002. L'entreprise admet en outre avoir payé le salaire de travailleurs libéraux.

Ces aveux enflamment la Chambre des communes. Jean Lapierre se retrouve sur la ligne de front, bombardé quotidiennement par des tirs ennemis. Il admet lui-même que la tâche n'est pas facile. « Le problème, au Québec, c'est qu'il y a, chaque soir, un *soap* à la télévision qui s'appelle

Gomery. Ça détourne l'attention du public de notre bilan et de nos réalisations, parce que, chaque soir, c'est comme le supplice de la goutte[9]. »

Aux yeux de Lapierre, quelques pommes pourries au sein du parti sont à blâmer. « Les faits révélés récemment nous troublent et on pense que le parti a pu être victime, finalement, d'abus de confiance. Il se peut qu'il y ait eu un groupe parallèle aux élus légitimes du parti[10]. »

L'ancienne ministre libérale Liza Frulla éprouve encore de l'amertume en pensant à cette période, qu'elle qualifie de catastrophique. La chasse aux sorcières qui avait cours a eu un impact dévastateur sur certains. « Il y a bien du monde innocent qui a été pointé du doigt durant [la commission] Gomery. C'était un *show* télé. Mais Jean, par fidélité pour Paul [Martin], a dû avaler vraiment de très grosses couleuvres à cette époque-là. »

Bannis à vie

Le 1er novembre 2005, un coup de tonnerre ébranle Ottawa. Le juge Gomery dépose son premier rapport sur les dérapages entourant le programme des commandites. Une brique de 700 pages dont les constats sont dévastateurs : abus, irrégularités, lois délibérément violées et détournement des deniers publics. Au banc des accusés se retrouvent trois libéraux de haut niveau : l'ancien premier ministre Jean Chrétien, son chef de cabinet Jean Pelletier et l'ancien ministre des Travaux publics Alfonso Gagliano.

9. *Le Devoir*, 7 février 2005, p. A3.
10. Radio-Canada, *Le téléjournal*, 4 avril 2005.

Chrétien et ses proches collaborateurs se sont ingérés dans la gestion du programme des commandites, soutient le juge Gomery. Il estime que Pelletier a notamment donné des indications au directeur du programme, Charles « Chuck » Guité, au sujet des firmes à choisir ou des événements à commanditer[11].

Le rapport Gomery met aussi en cause plusieurs dirigeants de l'aile québécoise du Parti libéral du Canada, qui ont tiré profit pendant des années d'un système occulte de financement lié à l'argent des commandites. Jacques Corriveau, ami proche de Jean Chrétien et militant libéral, est désigné comme « l'acteur central d'un dispositif bien huilé de pots-de-vin » qui lui a permis de s'enrichir et de procurer des avantages au PLC[12].

Le premier ministre Paul Martin riposte rapidement au rapport Gomery, en annonçant plusieurs mesures, notamment le remboursement de 1,4 million de dollars reçus illégalement par le PLC. Autre décision qui ne passe pas inaperçue : l'expulsion à vie de dix membres du PLC, dont Alfonso Gagliano, Jacques Corriveau et Marc-Yvan Côté.

Paul Martin veut tenir lui-même une conférence de presse pour divulguer la liste des bannis, mais Lapierre le convainc de lui confier cette pénible besogne. Ce dernier sait pertinemment que rien dans la constitution du parti ne permet de procéder à de telles exclusions, mais, selon lui, un geste « dramatique » s'impose. Lapierre ne regrettera

11. Furieux, Jean Chrétien et Jean Pelletier contestent en cour les conclusions du rapport Gomery, soutenant qu'aucune preuve n'a été faite de leur implication dans le scandale. La cour d'appel fédérale leur donne gain de cause en 2010, entérinant un jugement précédent qui statue que le juge Gomery n'a pas été impartial à leur égard.

12. Condamné en 2017 à purger quatre ans de prison et à rembourser 3 millions de dollars au gouvernement fédéral, Jacques Corriveau fait appel de sa condamnation, mais il décède le 23 juin 2018, avant que la cour ait statué.

jamais d'avoir tenu cette conférence de presse, mais, de son propre aveu, il ne s'agit pas du moment le plus glorieux de sa carrière.

Un rôle critiqué

Pour certains, Jean Lapierre est allé un peu trop loin en défendant la marque du PLC envers et contre tous. Michel C. Auger, notamment, est critique de cette période. « Il pratiquait la politique telle qu'elle lui avait été apprise dans le temps d'André Ouellet. Et je me demande si ce n'était pas une politique qui était déjà un peu dépassée. Lui, son principe, c'était : le lieutenant québécois se met en avant du *boss* et il prend les coups de couteau à sa place. »

Cette façon de faire a parfois amené Lapierre à dépasser les bornes, ajoute l'animateur de Radio-Canada, par exemple lorsqu'il déclare en décembre 2005 que Gilles Duceppe a « un petit côté naziste ». Duceppe venait de clamer que les libéraux devaient « disparaître » aux prochaines élections, propos pour lesquels le chef du Bloc québécois s'est excusé, ce que Jean Lapierre, de son côté, refuse de faire. « On a-tu vraiment besoin de faire ça ? se demande Michel C. Auger. Il est allé loin et la politique n'exigeait pas ça de lui. Il aurait pu faire un autre type de politique. »

Irène Marcheterre, son ancienne directrice des communications au ministère des Transports, pense que si c'était à refaire, Jean Lapierre aurait des propos moins durs à l'égard de quelques acteurs politiques. « Il a toujours eu certaines phrases clichés qui lui donnaient sa personnalité, mais ses répliques se sont adoucies tranquillement. »

Pour le ministre, c'est une question de survie. S'il veut résister aux assauts quotidiens de l'opposition et des médias, il se doit d'être baveux. Richard Mimeau abonde dans ce sens. La présence du lieutenant québécois au bâton pendant le scandale des commandites a permis aux libéraux de marquer des points. Aller chercher Jean « a été un des meilleurs choix de Paul Martin », selon l'ancien conseiller libéral, aujourd'hui directeur général du Conseil des entreprises en technologies environnementales du Québec. « Si Jean n'avait pas été là, ça n'aurait pas été pareil. Jean avait quelque chose de hors du commun, c'était un Wayne Gretzky ou un Mario Lemieux. Tu mets ça sur ta patinoire et tu as une différence dans le match. Jean, c'était un gars qui faisait une différence en politique. »

Des amitiés mises en veilleuse

Lors de son retour en politique, Jean Lapierre prend ses distances avec plusieurs de ses amis journalistes, dont Paul Arcand, Denis Lévesque et Chantal Hébert. « Pendant cette période-là, on ne s'est à peu près pas parlé, constate Chantal Hébert, alors très critique du gouvernement libéral. D'abord, il n'y avait rien qu'on pouvait se dire. Et d'autre part, toutes les choses pas gentilles que j'écrivais sur Paul Martin lui passaient sur le dos. »

Paul Arcand, lui, reçoit maintenant en entrevue le politicien qu'est redevenu Lapierre. L'animateur doit faire attention : il craint qu'on l'accuse d'être trop complaisant – ou trop dur – avec son ancien acolyte. Cela n'empêche toutefois pas le *morning man* du 98,5 FM de poser des questions difficiles. « Il m'appelait après et me disait : "Ouin, tu ne m'as pas ménagé ce matin." Je lui répondais que non, qu'il était ministre, que c'était lui le décideur, qu'il parlait au nom du gouvernement et qu'il arrivait à la tête d'un parti secoué par des scandales. »

Jean Lapierre s'éloigne aussi des autres fondateurs du Bloc québécois. Un froid s'installe. « On a pris nos distances par rapport à lui parce qu'il est devenu un adversaire politique. Il plantait le Bloc, il plantait Gilles, envoye donc. Mais ça faisait partie de la *game* », relate Bob Dufour.

Gilles Duceppe allègue que le ministre Lapierre avait plus de difficulté à encaisser les coups qu'à les donner. « Quand tu embarques sur le terrain de football, tu ne peux pas dire : "Moi, je donne des coups, mais je n'ai pas le droit d'en recevoir." *That's the name of the game.* »

Des moments difficiles

Deux collaborateurs de Jean Lapierre sont cités à la commission Gomery. Lors de son témoignage, Benoît Corbeil, ex-directeur général de l'aile québécoise du PLC, affirme avoir distribué de l'argent en liquide à des militants et à des attachés politiques libéraux, dont Irène Marcheterre et Richard Mimeau, adjoint spécial de Lapierre pour le Québec. Ces collaborateurs ont toujours nié toute malversation et, de fait, le témoignage de Corbeil n'a pas été jugé crédible.

Même si cette période n'a pas été facile, Irène Marcheterre en garde de bons souvenirs. « Grâce à mon travail avec Jean, j'ai pu mettre sur mon CV "gestion de crise" », lance celle qui est maintenant directrice des communications au CHUM.

Le terme « crise » n'est pas trop fort. Le ministre Lapierre se fait parfois apostropher en public par des citoyens mécontents, comme se le rappelle André Fortin, son attaché de presse durant ces années mouvementées. « Une fois, à Montréal, on était en train de luncher dans un restaurant. Une dame l'a accroché en lui disant: "Vous là, espèce de corrompu, de pas bon." Assez directement, il lui a expliqué le rôle des politiciens et pourquoi ils font ça. Je me souviens que ça l'avait affecté pendant tout le lunch. »

Au plus fort de la crise des commandites, il règne chez les libéraux une atmosphère on ne peut plus lourde. Karine Cousineau, son ancienne adjointe législative, se souvient à ce propos d'une expression typique de l'éclatant politicien. En sortant de la période de questions, Jean Lapierre se demandait quel « siaux de merde » allait lui tomber sur la tête !

Ses amis proches constatent, eux aussi, que ce retour en politique est plus pénible que ne l'ont été ses débuts. « Cette période-là n'a pas été facile, confie son ami Jean-Guy Goulet. C'était pesant, surtout que ça n'avait rien à voir avec lui. Ça lui est tombé dessus. Il a eu beaucoup de courage. La vie donne toujours des défis à la mesure des gens, c'est ce que j'ai toujours dit, et puis celui-là en a été tout un. »

Le cardiologue Michel Pellerin ne reconnaît plus son ami. « Je ne le trouvais pas aussi humain. Je trouvais qu'il changeait, qu'il n'était pas l'homme qu'on côtoie dans la vie de tous les jours. En politique, je le trouvais empesé solide. Il me disait qu'il n'avait pas le choix. »

Pendant la période de la commission Gomery, la présence de Nicole est déterminante pour Jean. Grâce à sa conjointe, il peut décrocher quand il arrive à la maison. « J'étais chanceux parce que Nicole n'était pas dans le domaine politique, c'est une criminologue. À la maison, c'était une oasis. C'est de même que je reprenais mon énergie. Et c'est ça que j'ai appris entre ma première et ma deuxième vie politique et maritale. Je trouve qu'idéalement, si notre conjointe ne se mêle pas de politique, c'est parfait ! Au moins, ça te donne un espace où tu es protégé. Tu ne peux pas te faire persécuter jusque chez vous[13] », explique-t-il dans sa dernière entrevue télévisée.

Paul Larocque est catégorique : Nicole était la femme idéale pour Jean. « Elle aimait beaucoup la politique et elle la commentait souvent. Les éditoriaux de Nicole, c'était quelque chose ! Ça prenait une femme de l'envergure de Nicole pour endurer un homme de l'envergure de Jean. Ce n'est pas tout le monde qui accepte que son conjoint soit autant dédié à son travail et aussi occupé. Elle a fait preuve de beaucoup de mansuétude et d'abnégation. » De fait, pendant près de 30 ans, Nicole a accepté de partager son amoureux avec le public.

Un vrai ministère

La carrière politique de Jean Lapierre n'est pas uniquement marquée par le scandale des commandites. Après avoir été ministre d'État à la Jeunesse et au Sport amateur pendant moins de trois mois en 1984, il hérite en juillet 2004 d'un imposant ministère : les Transports. Il va y passer dix-neuf mois. Dès qu'il y est installé, c'est avec une joie manifeste qu'il amène sa famille visiter son bureau à Ottawa. « Quand je pense à sa deuxième vie politique, je pense beaucoup à

13. *Jean Lapierre se raconte*, entrevue citée.

grand-papa [Raymond, le père de Jean], qui était si fier quand il a été nommé ministre », souligne Marie-Anne.

Jean Lapierre nomme Luc Normandin, son collaborateur de la première heure, au poste de chef de cabinet, principalement pour les dossiers du Québec. Une autre chef de cabinet, Leslie Swartman, s'occupe du reste du Canada et des Transports.

Irène Marcheterre, qui était à ses côtés pendant la campagne électorale, est nommée responsable des communications. L'équipe, à la recherche d'un attaché de presse, opte pour un surdoué de la politique de 22 ans : André Fortin. « On m'a dit que j'étais la vingt-deuxième personne à passer en entrevue, raconte-t-il. Je ne sais pas ce qu'il cherchait exactement, mais il m'a posé deux questions. Je pense que l'entrevue a duré cinq minutes. Il m'a demandé d'où je venais – ça c'est facile. Et il m'a demandé pourquoi je voulais faire de la politique. Et j'ai dit que c'est pour aider les gens par chez nous. Il m'a lancé : "C'est la seule bonne réponse. Va voir la chef de cabinet et négocie-toi un salaire." »

Le rythme de travail effréné de Jean Lapierre est une excellente école pour André Fortin. Les journées du ministre commencent dès 4 heures. « À 7 heures du matin, il avait déjà ses lignes préparées, il savait déjà ce qu'il voulait dire. C'était quelqu'un de très organisé. Il était toujours plus prêt que n'importe qui d'autre dans la pièce. C'est un petit peu ce que je retiens aujourd'hui dans mes fonctions, d'être le premier arrivé et le dernier parti. » Son mentor, qu'il appelait affectueusement Jean-Jean, lui donne la piqûre de la politique.

« Jean avait toujours considéré André Ouellet comme son père politique, et moi, je me considère un peu comme son héritier. Et on se voyait comme ça, dans la lignée Jean Lapierre », ajoute Fortin, qui après avoir été élu sous la bannière du Parti libéral du Québec en 2014 dans Pontiac, à Gatineau, est devenu lui aussi ministre des Transports, mais au Québec, en octobre 2017. Un véritable clin d'œil du destin que Jean Lapierre aurait apprécié. « J'ai eu une pensée pour lui quand j'ai été nommé », dit Fortin avec émotion, dans son bureau au 29e étage d'un édifice de la colline parlementaire de Québec, avec vue imprenable sur les Laurentides.

Un autre jeune assoiffé de politique fait la connaissance de Jean Lapierre à cette époque. Jonathan Trudeau n'a que 22 ans, lui aussi, lorsqu'il devient responsable des communications du Québec et de l'Est pour le lieutenant de Paul Martin. « [Chez] Jean Lapierre, ce qui m'avait tout de suite frappé, c'est à quel point il était sympathique. Il me posait des questions sur moi durant l'entrevue, plus que sur mes aptitudes », fait remarquer celui qui a ensuite été conseiller du premier ministre Jean Charest.

Terrain de jeu

Sitôt nommée, l'équipe ne chôme pas. Comme ministre des Transports, Jean Lapierre est appelé à se déplacer régulièrement aux quatre coins du pays. Et les dossiers sont nombreux. Parmi ceux-ci : ports, voies ferroviaires, aviation, routes et transport maritime.

Dès qu'ils le rencontrent, les hauts fonctionnaires sont surpris par sa maîtrise de l'appareil fédéral. Sa douzaine d'années d'expérience en tant que député le sert bien. Les fonctionnaires s'affairent à lui exposer les enjeux complexes qui touchent le ministère, enjeux résumés dans une dizaine de gros cartables de trois pouces d'épaisseur.

« Jean Lapierre avait une capacité d'absorption assez incroyable et une curiosité extraordinaire », dit d'entrée de jeu Louis Ranger, qui a servi 13 ministres des Transports au cours de sa longue carrière. « Après quelques semaines de *briefing*, il m'a indiqué qu'il avait trois priorités sur lesquelles il voulait concentrer ses efforts. Et ça, c'est un cadeau pour un haut fonctionnaire. On sait rapidement où on s'en va », indique le sous-ministre retraité.

Pendant l'année et demie où il est ministre des Transports, Lapierre concentre en effet ses efforts sur trois secteurs : la sûreté dans les transports, pour prévenir des actes terroristes, surtout après les attentats du 11 septembre 2001 ; la gouvernance des aéroports canadiens ; et le projet Pacific Gateway, qui consiste à créer un point d'entrée sur la côte Pacifique pour le transport de personnes et de marchandises entre l'Asie et l'Amérique du Nord.

C'est notamment à lui qu'on doit la création d'une « liste noire » de personnes interdites de vol, parce qu'elles constituent une menace pour la sécurité. Le ministre insiste pour que le Canada gère sa propre liste, distincte de celle que les États-Unis ont mise en place après les attentats de 2001[14]. Lapierre intervient aussi pour faire installer des caméras de surveillance dans les grandes villes canadiennes, notamment dans les transports en commun.

De plus, Lapierre abaisse les loyers des 21 plus grands aéroports canadiens et conclut des ententes avec le Québec

14. La liste noire a finalement été instaurée en 2007 par le successeur de Jean Lapierre, le conservateur Lawrence Cannon.

afin que des centaines de kilomètres supplémentaires de routes puissent bénéficier d'un financement fédéral.

Karine Cousineau, qui au départ refuse de travailler avec lui en raison de son passé dans les médias et de « sa grande gueule », est agréablement surprise par son approche de la politique. « Ce qui était rafraîchissant, c'est qu'il n'avait pas d'autre ambition que d'être un bon ministre des Transports. Lui, il est venu en politique pour Paul Martin, et il voyait son rôle comme [celui d'un] paratonnerre pour le *boss*. Contrairement à d'autres collègues, lui, il savait qu'il ne ferait pas une course au leadership après [son mandat]. Le principe fondateur de tout ce qu'il essayait de faire en politique, c'était le gros bon sens. »

Une ouverture vers l'Asie

La réalisation la plus importante de Jean Lapierre en tant que ministre, aux yeux de Paul Martin, est son ouverture aux marchés asiatiques. Grâce à l'adoption d'une stratégie faisant de l'ouest du pays la porte d'entrée pour les marchandises en provenance d'Asie, ce sont plus de 600 millions de dollars qui sont investis dans les infrastructures de transport de l'Ouest canadien.

Désormais, le réseau ferroviaire canadien permet d'acheminer en moins de deux jours les conteneurs du terminal du port de Prince Rupert[15] vers les grands centres du Canada et des États-Unis. La stratégie du ministre s'avère ainsi un véritable succès et permet au pays de s'ouvrir aux plus grands marchés du monde.

---

15. Le port de Prince Rupert, en Colombie-Britannique, est le plus profond en Amérique du Nord et le plus proche de l'Asie.

C'est Lapierre lui-même, rappelle Paul Martin, et non ses fonctionnaires, qui a insisté pour développer les échanges dans l'axe Pacifique-Asie, le Pacific Gateway. « Beaucoup de personnes se demandaient d'où venait cet intérêt. Pour moi, ce n'était pas une surprise parce que lors de nos conversations, nous parlions de la Chine. Il avait de l'intérêt pour la Chine. Il savait ce qu'il faisait. »

L'ancien premier ministre s'anime en songeant à cette réalisation. « On a beaucoup parlé de sa connaissance du Québec, de sa connaissance du Canada, mais Jean avait une vision globale. Il connaissait le monde. » Louis Ranger, alors sous-ministre des Transports, va dans le même sens : Jean Lapierre avait bel et bien un intérêt marqué pour l'Asie. Au point qu'il refuse que le premier ministre présente le Pacific Gateway à ses collègues du cabinet, et insiste pour expliquer lui-même ce dossier qui lui tient à cœur.

En 2005, Jean Lapierre effectue une mission économique en Chine afin de faire mousser son projet. Son sous-ministre de l'époque se rappelle qu'avec son sens de l'humour et sa personnalité attachante, il lui avait suffi de quelques heures pour mettre ses interlocuteurs à l'aise. « Il leur avait dit : "Vous connaissez le canard de Pékin, mais attendez de connaître le canard du lac Brome !" » s'esclaffe-t-il. Il prêchait alors un converti : le ministre chinois des Transports avait déjà goûté à cette spécialité locale lors d'un voyage en Estrie.

Mais le passage de Lapierre aux Transports ne lui vaut pas que des éloges. Il essuie aussi quelques critiques, notamment lorsque l'avionneur Jetsgo déclare faillite en mars 2005. Des milliers de voyageurs se retrouvent alors coincés à l'extérieur du pays sans billet d'avion valide, et une association de consommateurs réclame sa démission. Le ministre fait tout en son pouvoir pour que les autres transporteurs aériens canadiens viennent en aide aux clients lésés, mais refuse toutefois que le gouvernement apporte une aide directe à Jetsgo. Résultat : la compagnie aérienne montréalaise met la clé dans la porte. On lui reproche de ne pas avoir mis en garde les clients de Jetsgo, à quoi il répond avoir été pris par surprise par l'annonce de la faillite. Selon Louis Ranger, ces critiques ne sont pas fondées, car le ministre des Transports n'a que peu de prise sur une telle situation.

À en croire André Fortin, son passage au ministère des Transports aurait d'ailleurs laissé Jean Lapierre sur sa faim. « Il aurait aimé en faire plus. Il a toujours dit que les Transports, c'est le plus beau ministère qu'il pouvait avoir parce que tu peux avoir un vrai impact dans la vie quotidienne des gens, dans les déplacements au quotidien. Je ne pense pas qu'il a été capable d'en faire autant qu'il aurait pu parce qu'on passait tellement de temps sur le scandale des commandites. »

Réunions sur le bord de la piscine

Jean Lapierre amorce une petite révolution au ministère des Transports en forçant l'appareil gouvernemental à s'adapter à l'information en continu. Le ministre en personne rencontre les journalistes plusieurs fois par jour et aborde de nombreux sujets dans les médias. Quant au message adressé aux fonctionnaires, explique Louis Ranger, c'était le suivant : « Quand vous faites une séance d'information pour Jean Lapierre, il n'y a pas de deuxième chance. Assurez-vous que vos faits soient corrects, parce qu'il y a des bonnes chances que ce soit aux nouvelles du jour. »

En effet, sous un style décontracté et bon enfant se cache un ministre toujours préparé et très minutieux. « Il lisait tous ses dossiers, relate Irène Marcheterre. Chaque semaine, on avait des séances de *briefing* avec les fonctionnaires et l'équipe, et il avait tout lu. Il pouvait facilement contester chaque détail, chaque point. Il s'attendait à ce qu'on soit à la hauteur de ses attentes et qu'on ait fait nos devoirs. »

Selon Louis Ranger, Jean Lapierre est le seul ministre des Transports à avoir organisé en plein été une « retraite » de travail avec tous les hauts fonctionnaires, en Estrie. « Je n'ai aucun souvenir d'avoir connu quelqu'un qui n'a pas aimé travailler avec [lui] », affirme sans détour le haut fonctionnaire à la retraite.

Lorsque le beau temps arrive, Jean transporte ses dîners de travail sur des terrasses, ou bien au bord de la piscine du Hilton où il loge à Gatineau. « Il avait un amour de la vie, de la bonne chère. Il voulait profiter du temps qu'il avait », se souvient Karine Cousineau.

Régulièrement, il invite aussi ses collaborateurs et ses amis à jouer au golf et à séjourner à son chalet au lac Brome, acquis en 2000. C'est davantage le côté social du golf que le sport en tant que tel qu'il apprécie. « Le seul temps où Jean ne parlait pas, s'amuse Jean-Guy Goulet, c'est au moment où le fer frappait la balle. Dès que la balle était partie, il recommençait à nous parler. »

Le style Lapierre

Au cabinet de Jean Lapierre, son équipe apprend à maîtriser un autre sport : faire office de traducteurs auprès des journalistes qui ne comprennent pas ses expressions colorées. « Les journalistes m'appelaient après le point de presse, se rappelle avec humour Irène Marcheterre. "Ton *boss* a dit telle affaire, qu'est-ce que ça voulait dire ?" Et je n'en avais aucune idée ! »

Un certain nombre de fonctionnaires sont, eux aussi, surpris par son style franc, incisif et parfois même provocateur. Quelques expressions bien québécoises telles que « On n'achète pas un cochon dans un sac » ou « Ça ne me fait pas un pli sur la *poche* » en font sourciller plus d'un.

Le charme de Lapierre opère lors de ses multiples déplacements d'un bout à l'autre du pays. « Je me souviens de sa politique de terrain, raconte André Fortin. Tu le mettais dans une pièce avec des militants, et peu importe s'il était à Iqaluit ou Charlottetown, [ils] mangeaient dans sa main. Il était capable d'aller chercher un militant du Parti libéral fédéral qu'il n'avait pas vu depuis qu'il avait claqué la porte du parti en 1990 avec deux, trois blagues, avec son expérience des Îles ou en sacrant. Ça m'a marqué, cette proximité avec les gens. »

Les minutes de silence sont d'ailleurs rares lors des déplacements. Si Jean ne discute pas avec un de ses collaborateurs, il appelle un proche ou un contact. Parfois, il relit ses documents afin de bien saisir les enjeux et de pouvoir les vulgariser en racontant une blague au passage.

André Fortin se souvient n'avoir eu qu'une prise de bec avec son patron. Elle a lieu en plein ciel, lors d'une tournée à l'été 2005, qui les amène dans le Grand Nord et dans l'est du pays. « J'avais organisé une entrevue sur un sujet dont on n'était vraiment pas prêts à discuter. Il m'avait engueulé dans un hélicoptère, à travers le système de casques d'écoute. Tout le monde entendait, et il fallait peser sur un piton pour parler. Lui m'engueulait, moi j'essayais de lui répondre, les pilotes essayaient de se parler entre eux, c'était un peu chaotique. À un moment donné, j'ai tenu le piton enfoncé, car ça ne me tentait plus de l'entendre m'engueuler. Ça l'a juste fâché encore plus, car il n'était pas capable de dire ce qu'il voulait dire. À un certain moment, tout le monde est parti à rire dans l'hélicoptère, et ç'a tué la seule vraie engueulade qu'on a eue en deux ans.»

Lors de cette même tournée, le 2 août 2005, alors qu'il se trouve à Iqaluit, Jean Lapierre est informé qu'un Airbus d'Air France a pris feu sur le tarmac de l'aéroport Pearson de Toronto. Les communications sont difficiles, et selon les informations qui parviennent aux oreilles du ministre, plus de 200 passagers auraient perdu la vie. Sur-le-champ, il quitte les lieux et organise une réunion d'urgence avec son cabinet à Toronto. Une fois sur place, il apprend avec soulagement que tous les passagers et tout l'équipage, 309 personnes au total, ont pu être évacués avant que l'incendie ne se déclare. Personne n'est blessé gravement. Ébranlé par l'événement, le ministre des Transports va lui-même constater les dégâts sur la piste. C'est un véritable miracle si personne n'a trouvé la mort dans l'accident.

À titre de ministre responsable du Québec, Jean Lapierre a l'occasion de défendre plusieurs dossiers durant son mandat. Avec toute son expérience, il est d'une aide précieuse pour ses collègues québécois au sein du gouvernement Martin, notamment Liza Frulla.

Au conseil des ministres, ce n'est pas lui qui met le poing sur la table, il est plutôt celui qui fait avancer les choses telle une vague de fond. « C'était un véritable rassembleur. Il était plus lieutenant du Québec que ministre des Transports, dans le sens où il faisait passer l'équipe en premier », affirme Liza Frulla, qui dit s'ennuyer beaucoup de son ami.

À titre de lieutenant, Jean Lapierre contribue au legs du gouvernement fédéral en vue des célébrations du 400e anniversaire de Québec en 2008. Il tient à ce qu'on investisse dans un projet qui redonnera le fleuve aux Québécois. Le fédéral alloue ainsi 46 millions de dollars destinés à l'aménagement de trois accès aux berges du fleuve Saint-Laurent, un projet qui contribue à changer le visage de la ville de Québec. Ainsi, comme le résume bien Paul Larocque, « il voulait laisser un legs durable qui profiterait au monde ».

Élections hivernales

Après le dépôt du premier rapport de la commission Gomery, le 1er novembre 2005, Paul Martin s'engage à déclencher des élections dans les 30 jours suivant la présentation du deuxième tome, prévue pour février 2006. Malheureusement pour lui, les partis d'opposition en décident autrement. Les conclusions du rapport Gomery leur donnent assez de munitions pour déposer une motion de censure proclamant que « la Chambre a perdu confiance dans le gouvernement ». Le 28 novembre 2005, le gouvernement minoritaire de Paul Martin est renversé. Le pays se retrouve plongé dans une campagne électorale qui va durer plus de 50 jours en plein hiver.

« On avait le vent dans la face et la campagne ne finissait plus. C'était complètement fou », se souvient l'ancienne ministre du Patrimoine Liza Frulla. Plusieurs libéraux sortants, comme elle, menaient la course dans les sondages avant que la campagne ne fasse une pause pour le temps des fêtes. Mais le vent tourne autour de la tourtière et de la dinde.

Les premiers sondages du mois de janvier donnent les conservateurs gagnants. Jean Lapierre lui-même se retrouve contesté dans le fief libéral d'Outremont. Cette fois-ci, cependant, contrairement à ce qui s'est passé en 2004, l'absence de luttes fratricides facilite la campagne et tout le monde se serre les coudes. Après tout, c'est la survie du gouvernement qui est en jeu. Mais la campagne est « longue et *tough* », pour reprendre les mots de Karine Cousineau. « À la fin, ajoute-t-elle, on savait que le parti allait perdre, mais que Jean allait probablement gagner dans Outremont. »

Le soir du 23 janvier 2006, le règne du Parti libéral prend fin après 12 ans de pouvoir. Le Parti conservateur de Stephen Harper est élu pour former un gouvernement minoritaire.

Malgré la défaite libérale, Jean Lapierre est réélu, avec plus de 2000 voix d'avance sur son adversaire bloquiste. Il annonce à ses électeurs qu'il va rester, mais au fond de lui, il sait que sa deuxième vie politique prendra fin sous peu.

« Mon engagement était très personnel. Quand Paul Martin a démissionné, je me sentais soulagé et libéré de ma parole et de mon obligation, confie-t-il en entrevue à Esther Bégin. Je savais que mon utilité était finie et que je ne voulais pas embarquer dans un autre congrès au leadership[16]. »

---

16. *Jean Lapierre se raconte*, entrevue citée.

Un dernier tour de piste

Le soir même des élections, Jean Lapierre reçoit un coup de téléphone de Paul Arcand. Celui-ci le presse de démissionner et de revenir avec lui à la radio, mais la proposition est vite refusée. Encore hanté par son départ précipité du Parti libéral en 1990, Jean veut faire les choses dans les règles de l'art. Et prendre son temps. Quitter la politique tout de suite serait prématuré, même s'il doit siéger pour la deuxième fois dans l'opposition.

Karine Cousineau, le seul membre de son cabinet qui l'accompagne dans cette transition, raconte que son ancienneté comme député permet à Jean Lapierre de choisir en premier son bureau au Parlement. Il opte pour un emplacement dans l'édifice du centre, au 6e étage, près du restaurant parlementaire et de la Chambre des communes.

Rapidement, il se remet à l'ouvrage. Le député d'Outremont prend son travail de critique du ministre de l'Industrie très au sérieux, assure sa collaboratrice. Il étudie les cahiers de *briefing* et prépare avec minutie ses interventions durant la période de questions. « C'était une occasion pour lui de défendre le monde des affaires, le Québec inc. Il me disait: "Si ça me prend plus de sept secondes pour exprimer mon idée, c'est fini, je ne passerai pas aux nouvelles." Le but, c'était de voler la *clip*. »

Pendant près d'un an, Jean Lapierre s'accommode bien de ce rôle, mais, au fil des mois, il a de plus en plus de difficulté à repousser les avances professionnelles de son ami Paul Arcand, qui souhaite le ramener à son micro.

Le 28 janvier 2007, sa carrière politique prend fin. Ministre par deux fois pendant 16 années ponctuées de crises politiques et de guerres intestines, Jean Lapierre a été en quelque sorte victime des circonstances. Le scandale des commandites aura marqué au fer rouge son retour en politique.

« Il n'avait pas le bon *timing* en politique, il n'est pas tombé sur le bon poney », dit de façon imagée son ami Bob Dufour, qui a œuvré au Parti québécois après avoir quitté le Bloc. « Paul Martin faisait du *cha-cha-cha* sur une porte battante. »

Jean Lapierre était revenu dans un but bien précis : aider Paul Martin à occuper les fonctions de premier ministre et rejoindre sa garde rapprochée. Avec la défaite de son ami, il n'a plus d'obligation de continuer. À 50 ans et des poussières, après une carrière bien remplie, il peut choisir de se payer du bon temps et de ralentir le rythme. Mais le nouveau retraité de la politique n'est pas du genre à s'asseoir sur ses lauriers ni à résister encore bien longtemps à l'appel des sirènes médiatiques. Dans les années qui vont suivre, Jean Lapierre atteindra l'apogée de sa carrière en devenant le chroniqueur politique le plus aimé et le plus influent du Québec.

Chapitre 5

UN ANALYSTE AU SOMMET DE SON ART

Quand il y a des grandes vagues, des fois,
il arrive du bois mort sur la plage !
JEAN LAPIERRE

« Je suis un peu fébrile. J'ai l'impression de revenir d'une sabbatique ! »

Le 8 janvier 2007, Jean Lapierre fait son grand retour dans les médias comme commentateur politique au micro de Paul Arcand. Dès le premier jour, la chimie opère de nouveau, comme si les deux hommes ne s'étaient jamais quittés.

Pourtant, la réaction initiale des auditeurs et des observateurs surprend beaucoup le *morning man*. « Les courriels de bêtise que j'ai pu recevoir, c'était effrayant, s'étonne Paul Arcand. Moi, je n'avais pas de doute que ça marcherait, mais sincèrement, l'ampleur et l'agressivité de la réaction m'avaient un peu *flabbergasté.* »

À son retour, Lapierre est toujours député d'Outremont, même si, un mois plus tôt, il a fait part de son intention de quitter la politique. Ses interventions matinales à la radio montréalaise n'en créent pas moins un malaise chez certains députés.

Ce sera de courte durée. Son avenir professionnel est scellé lorsqu'il signe un contrat pour se joindre à l'équipe de TVA et de LCN en tant qu'analyste. Sa démission est annoncée dès le 11 janvier, et Jean Lapierre ne revient pas siéger au caucus libéral. C'est heureux et libéré qu'il quitte son carcan politique.

Cette période est pour lui une véritable renaissance, une phase exaltante de sa vie. « J'ai une urgence de vivre. J'ai eu 50 ans et c'est drôle, ça a été pour moi un déclencheur terrible, confie-t-il au micro de Christiane Charrette à Radio-Canada le 18 janvier 2007. Je me suis dit là [...] c'est le temps ou jamais de faire une transition parce que, si je ne la fais pas maintenant, peut-être que je vais manquer de courage et que je vais m'accrocher à la politique. Et là, au lieu d'être là pour faire bouger le système, c'est le système qui va me traîner. »

Le grand patron de l'information à TVA, Serge Fortin, voit son expérience comme un atout. La façon dont Lapierre a géré le scandale des commandites au quotidien, en gardant le sourire, l'a impressionné. Nul doute qu'il s'agit d'une belle prise pour le réseau le plus écouté au Québec. « Pour lui, c'était naturel de venir chez nous, raconte Fortin. Il trouvait qu'il rejoignait un vaste public et il voulait leur [faire] partager sa passion et son amour de la politique. » Le style populaire de Jean Lapierre peut fleurir à TVA. Après avoir servi les gens en politique, cet amoureux du peuple va maintenant le faire au petit écran.

Ce sincère intérêt pour le peuple a toujours été présent chez Jean Lapierre. Non seulement le commentateur était proche des gens, mais l'homme a aussi toujours eu beaucoup de respect et d'admiration pour les travailleurs. Un jour, alors qu'elle était enfant, se rappelle Marie-Anne, son père lui a servi une remontrance au restaurant parce qu'elle avait renversé du ketchup autour de son assiette. « Je lui avais dit : “La serveuse va le ramasser.” Il m’avait répondu : “Non, non, non. Sais-tu comment elle travaille fort, elle ?” Il m’avait servi une leçon. » Marquée par ces valeurs, elle ajoute que son père « avait beaucoup d’admiration pour les gens qui faisaient leur chemin et qui ne l’avaient pas facile. Quand il parlait de monsieur et madame Tout-le-Monde, c’était loin d’être péjoratif. »

Dès son enfance, Jean Lapierre est confronté à la réalité des travailleurs qui doivent trimer dur pour leur gagne-pain. Il se souvient d’un soir où il a entendu son père pleurer parce qu’il avait perdu son emploi. Cette scène l’a marqué, tout comme la réaction qui a suivi. « Le lendemain, avant qu’on s’en aille à l’école, il était déjà parti chercher une *job*. Il est devenu mécanicien de camions pour les Pétroles Irving. Ça m’a beaucoup marqué de voir à quel point c’était grave pour papa de perdre son boulot. C’est peut-être pour ça que j’ai toujours travaillé[1]. »

Un *blind date*

À TVA et à LCN, Jean Lapierre vulgarise les grands enjeux politiques dans les bulletins de nouvelles et lors des soirées d’élections. Chaque dimanche, sur les ondes de TVA, il coanime aussi avec Paul Larocque une émission d’actualité politique intitulée *Larocque/Lapierre*. Une autre grande complicité prend ainsi naissance, cette fois à l’écran. « Ça a été un *blind date* professionnel et ça a cliqué tout de suite », confie Larocque.

1. *L’actualité, op. cit.*

Il faut dire que les deux hommes se complètent bien. Larocque a couvert la politique à l'Assemblée nationale pendant 17 ans, alors que Lapierre connaît sur le bout de ses doigts la scène politique fédérale. « On était, sans le savoir, – et on l'a réalisé après coup –, complémentaires l'un pour l'autre », s'enthousiasme l'animateur aguerri.

Dans ce nouveau contexte, Lapierre sait qu'il doit étendre son réseau à la politique provinciale sans tarder. En peu de temps, les événements publics se multiplient. À l'occasion du dépôt du budget du Québec, il se rend au huis clos des médias – une belle occasion de rencontrer des gens des différents partis –, et il assiste aux congrès de tous les partis politiques provinciaux, même celui de Québec solidaire, qui ne compte alors aucun député élu. Qui plus est, il organise régulièrement des lunchs sur la Grande Allée, l'artère de choix des politiciens, à deux pas de la colline parlementaire de Québec. L'ancien homme politique est passé maître dans l'art de rencontrer des gens et de tisser des liens.

Son dynamisme impressionne très vite Paul Larocque. « Ça lui a pris à peu près six mois au maximum pour développer un réseau de contacts équivalent à celui d'un journaliste qui a dix ans de métier à Québec. C'est phénoménal. Jean avait une facilité incroyable à se faire des contacts, et *a fortiori*, en zone un peu hostile. Il a surmonté ça en quelques mois. »

Étonnamment, les stigmates du scandale des commandites ne le marquent pas longtemps. Il y a à peine quelques semaines qu'il est de retour dans les médias que les cotes d'écoute sont déjà au rendez-vous. La première saison de *Larocque/Lapierre* se termine avec un auditoire respectable de 186 000 téléspectateurs, qui grimpe à 250 000 lors de certaines entrevues plus populaires[2].

Même constat de la part de Paul Arcand : les auditeurs reprennent vite l'habitude d'écouter Lapierre le matin. « Sa théorie, c'était : "En politique, ceux qui t'aiment votent pour toi, ceux qui ne t'aiment pas ne votent pas pour toi. Ça se soustrait. Mais en radio, ceux qui t'aiment t'écoutent, et même ceux qui t'haïssent finissent par t'écouter, ce qui fait que ça s'additionne." Et c'est vrai. Très rapidement, je l'ai senti plus heureux. Il savait ce qu'il voulait faire, et c'était du commentaire politique. »

De fait, lors de cette deuxième incursion dans les médias, Lapierre en a fini avec l'animation et la lecture de bulletins de nouvelles. Il se concentre désormais sur le domaine dans lequel il excelle et où il se sent le plus à l'aise : l'analyse de la joute politique. Un talent que l'actualité lui donne rapidement l'occasion d'exprimer.

Un autobus à son nom

À peine plus d'un mois après son retour en ondes, le premier ministre du Québec, Jean Charest, déclenche des élections générales. La direction de TVA propose alors à Lapierre un concept inédit pour la campagne électorale : sillonner le Québec dans son propre autobus pour tâter le pouls de la population. C'est un coup de tonnerre dans le paysage médiatique et les réseaux concurrents sont pris au dépourvu.

2. Diffusée le dimanche à 12 h 30 à TVA de 2007 à 2013, l'émission *Larocque/Lapierre* attirait en moyenne 240 000 téléspectateurs, pour une part de marché de 15,1 %. Source : Numeris.

L'autobus, baptisé *Québec 2007*, est décoré aux couleurs de TVA, de LCN, du *Journal de Montréal* et du 98,5 FM. Il arbore le visage de ses vedettes médiatiques, dont Jean Lapierre, Paul Larocque et Sophie Thibault. À l'intérieur, c'est un véritable autobus de campagne, avec plusieurs postes de travail et un espace pour les entrevues. « On a eu tellement de plaisir avec ça, se remémore Serge Fortin. On voulait aller parler au monde parce qu'une campagne électorale, c'est une grosse bulle. Les reporters sont dans les autobus avec les chefs, dans une bulle, et ils racontent ce qui se passe dans la bulle. On a créé un autobus qui nous permet d'aller jaser avec le monde. Jean avait un plaisir fou, les gens venaient le voir, jasaient avec lui et prenaient des photos. »

Lapierre adopte le concept avec enthousiasme. Pour superviser la logistique de sa campagne, il recrute Ugo Thérien, qui a travaillé auprès de ministres libéraux. Les deux hommes se connaissent pour avoir collaboré lors des campagnes électorales libérales fédérales de 2004 et de 2006.

Pendant 33 jours, Lapierre et son équipe, dont fait partie le chroniqueur du *Journal de Montréal* Richard Martineau, suivent leur propre route, plutôt que de s'adapter à celle des politiciens. Ils se rendent ainsi dans plus d'une cinquantaine de circonscriptions – où la lutte est la plus serrée – sur les 125 que compte le Québec.

« C'est le bout où il a le plus trippé de sa vie. Il était dans son élément », affirme sans hésiter Paul Larocque, qui n'a pas eu la chance de faire cette tournée. Les deux hommes se parlent cependant plusieurs fois par jour lors de leurs multiples interventions en ondes.

Les partis politiques, eux, ne voient pas la caravane d'un si bon œil. Ugo Thérien raconte que les *spin doctors*[3] les appelaient plusieurs fois par jour pour connaître leur itinéraire et les sujets de leurs chroniques. Et aussi pour passer leur message politique. L'autobus dérange.

« Ce n'était pas agréable », se rappelle Jean Charest en éclatant de rire. Le chef du PLQ, qui cherchait à se faire réélire pour un deuxième mandat, riait jaune à l'époque. « Nous, on passait dans tous les villages et ça allait bien. Lui, il passait derrière nous et disait : "Non, ça ne va pas bien !" Il nous faisait concurrence, imaginez-vous, avec son propre autobus, avec sa face sur le côté en plus ! Il y a juste lui qui pouvait faire une affaire comme ça. »

À chacune des escales de la tournée, Jean Lapierre se mêle aux citoyens pour les faire parler des enjeux qui les touchent. Il va dans des hôpitaux, des écoles, des organismes communautaires et, bien sûr, des restaurants. Lorsqu'il fait sa dernière intervention au bulletin de 22 heures, il annonce sa destination du lendemain et invite les résidents du coin à venir le rencontrer pour le déjeuner.

Selon Ugo Thérien, Jean Lapierre donne environ 500 poignées de main par jour, une proximité avec les gens qui lui permet d'avoir rapidement le pouls de l'électorat. Dès la deuxième semaine, il sent sur le terrain que le vent est en train de tourner en faveur de l'Action démocratique de Mario Dumont. François Bonnardel, qui se présente alors pour la première fois pour l'ADQ dans la circonscription de Shefford, apprend que Lapierre va venir. Les

3. Les *spin doctors* sont des conseillers en communication agissant pour le compte des politiciens, et dont la profession est d'influencer l'opinion du public et des médias au sujet de cette personnalité.

troupes sont vite mobilisées au local électoral : il faut faire bonne impression devant l'influent commentateur.

« On avait paqueté le bureau, se remémore le candidat qui sera élu quelques semaines plus tard. Je me souviens que Jean Lapierre et Richard Martineau étaient entrés dans mon local électoral et m'avaient dit : "Wow, Monsieur Bonnardel, vous êtes prêt !" J'étais content, car le soir, quand il a fait son *wrap up* de la journée à la télé, [Lapierre] avait mentionné qu'il était passé par chez nous. » Devenu son ami par la suite, François Bonnardel souhaite qu'une partie de la route 112, qui traverse la circonscription fédérale de Shefford, porte son nom en son honneur.

Même s'il a déjà participé à au moins une dizaine de campagnes électorales auparavant, Lapierre n'en est pas moins enthousiaste pour celle-ci. Il s'amuse comme un enfant dans un magasin de bonbons. Les journées sont bien remplies, mais il trouve tout de même du temps pour ses proches. En mars 2007, il s'arrête à Victoriaville pour visiter le père de son ami Michel Pellerin, alors en fin de vie à l'Hôtel-Dieu d'Arthabaska. « Il arrive, sortant de nulle part. C'était quelqu'un qui était sensible aux gens comme ça », se rappelle Michel avec émotion. Comme ce dernier doit retourner à Montréal le soir même, l'animateur invite la mère de son ami à souper au Luxor, une institution locale, avec son équipe, pour lui tenir compagnie.

Richard Martineau, qui a visité les quatre coins du Québec dans l'autobus nolisé avec lui, reste marqué par sa facilité à entrer en contact avec les gens. « Quiconque n'a pas vu Jean Lapierre jaser avec "du vrai monde" dans une roulotte à patates frites ou un centre commercial de région a raté l'un des plus beaux spectacles que la vie peut offrir. Je vous le jure : c'était magnifique. Je n'ai jamais vu une personne qui aime autant le monde et que le monde aime autant. C'en était émouvant», écrit-il au lendemain du décès tragique de son confrère.

Grâce à tous ces déplacements sur le terrain, Lapierre est le premier à voir venir la vague adéquiste qui va amener le parti aux portes du pouvoir. À la fin de la campagne, le 26 mars 2007, les libéraux sont réélus, mais forment un gouvernement minoritaire. L'ADQ obtient son meilleur score à vie et devient l'opposition officielle en faisant élire 41 députés.

Cette première tournée en autobus est un succès. Bien que TVA répète l'exercice lors des élections de 2008 et 2012, l'effet de surprise n'est plus au rendez-vous. La première «édition» est la meilleure de toutes et constitue la rampe de lancement idéale pour le retour de Lapierre dans les médias.

Le Centre du rasoir

L'expérience des longues campagnes électorales permet à Jean Lapierre de connaître sur le bout des doigts les centres commerciaux de la province. Il développe au fil du temps un attachement – certaines mauvaises langues parleraient même d'une obsession – pour les boutiques Le Centre du rasoir.

«C'était son dada, explique Ugo Thérien. Les Centres du rasoir sont généralement dans les petits centres d'achat, pas dans les gros. Il y avait toujours plein de personnes âgées dans ces centres d'achat-là qui traînaient, prenaient un café. Pour lui, c'était toujours une chance de rencontrer du monde. Il était très connu de cette tranche de la population et les gens venaient vers lui.»

Jean-François Del Torchio, qui l'a côtoyé en politique et dans les médias, précise ce qui l'attirait là : « Il disait : "Là, je vois à peu près tout le monde. J'ai madame qui vient magasiner pour monsieur, il y a des monsieurs qui arrivent aussi. Ça fait que je me tiens tout le temps pas loin d'un Centre du rasoir, c'est tout le temps un bon *spot*" ».

Parfois, ajoute Karine Cousineau avec affection, son patron se promenait avec un sac vide pour se fondre dans la foule sans avoir à acheter un énième article au Centre du rasoir. « Il allait au centre d'achat pour voir du monde. C'était son carburant de parler à monsieur et madame Tout-le-monde. »

Ces soirées-là

Jean Lapierre rapporte de ses virées électorales un bagage inestimable de connaissances. Ses impressions glanées sur le terrain s'ajoutent à ce que les sondages prévoient. Il se renseigne aussi auprès de ses contacts en région sur les sujets de discorde et les attentes des gens. Tout cela l'aide à faire son « pointage », c'est-à-dire à tenter d'établir lequel des candidats a le plus de chances de l'emporter. « Sa moyenne au bâton était bonne parce qu'il était travaillant », note Paul Larocque.

Tout juste avant la soirée électorale, deux rencontres préparatoires sont organisées avec toute l'équipe de TVA qui sera en poste le jour J. Lors de ces réunions, la bible des élections – qui comprend une description de chaque circonscription et les résultats des dix dernières années – est passée en revue. « On descend les 125 comtés un par un et on essaie de déterminer qui peut l'emporter. C'est un travail sérieux, mais qui se faisait dans le bonheur. Jean apportait une saveur, une couleur qui rendait tout l'*fun*. Juste à y repenser, je ris ! Si on avait filmé ça, on aurait fait un bon *show* », lance Serge Fortin.

Mario Dumont fait équipe avec Jean Lapierre depuis son arrivée à TVA en 2012. Les deux se partagent l'analyse des différentes régions, selon leurs forces. Grâce à leur connaissance étendue du territoire québécois, ils sont ainsi capables de faire des prédictions pour les circonscriptions-clés en mettant leurs informations en commun. « On arrivait bien préparés, avec Pierre Bruneau. On connaissait toutes les histoires locales. C'était la force de Jean, il racontait la politique comme une histoire », évoque Mario Dumont.

Les soirées électorales sont parmi ses meilleurs souvenirs. « Avec Jean et moi [à l'antenne], pas besoin de nous préparer des lignes. Tu pèses sur *play*, on a toujours de quoi à dire, et puis tu nous fais un petit geste et on se ferme ! » ricane-t-il. Avant d'aller en ondes, Jean relaie des échos du terrain ou des potins à ses collègues pour les amuser. « On se demandait comment il allait formuler ça pour que ça se raconte en ondes ! » se rappelle Mario Dumont.

Un pont entre deux solitudes

Dès son retour dans les médias, Jean Lapierre tient à renouer avec son public anglophone, ce qu'il fait au réseau de télévision CTV et à la radio de CJAD. Il parle de politique avec autant d'aisance en français qu'en anglais, et grâce à son passage en politique fédérale, il a tissé des liens étroits avec des acteurs politiques de bon nombre de partis au Canada anglais. « Il pouvait expliquer le Québec au reste du

Canada, expliquer le Canada au Québec, et même parfois expliquer le Québec aux Québécois ! de préciser l'ancien premier ministre Paul Martin. Je crois qu'on se comprend mieux aujourd'hui qu'il y a 20 ans, et Jean Lapierre est de ceux qui nous ont donné cette capacité. »

« Il avait les mêmes opinions en français qu'en anglais. Il ne jouait pas sur deux tableaux, souligne la lectrice de nouvelles de CTV Mutsumi Takahashi, qui a collaboré avec lui pendant une vingtaine d'années. Il voulait communiquer pour nous aider à nous comprendre nous-mêmes et nous amener à mieux comprendre le point de vue des autres. » Le décès de l'ancien politicien a d'ailleurs autant ébranlé les médias anglophones et leur auditoire que ceux du Québec francophone, ajoute-t-elle.

Le *morning man* de CJAD, Andrew Carter, rappelle que Jean Lapierre était une aussi grosse vedette dans le West Island qu'à Saguenay. « C'est du jamais vu et c'est tout à fait unique », affirme celui qui s'est entretenu en ondes avec lui chaque matin à 7 h 40 pendant plusieurs années. Même s'il est omniprésent dans les médias, Jean Lapierre n'intervient pas de façon machinale ou pour recevoir un chèque de paie. « Il était encore véritablement passionné. Il couvrait tous les congrès politiques, que ce soit à Chicoutimi, à Trois-Rivières ou à n'importe quel autre endroit, et cela renforçait sa crédibilité », insiste l'animateur de CJAD.

Mutsumi Takahashi estime que ce feu sacré était sa plus grande force. « Il n'a jamais perdu la capacité de s'indigner. Il n'était ni blasé ni cynique. Quand quelque chose n'était pas juste, il s'enrageait. Et j'adorais ça. » Elle n'hésite pas à le qualifier de champion des intérêts du peuple, car il s'efforçait d'amener les décideurs publics à répondre de leurs décisions. « Cela peut sembler cliché, mais il posait des questions au nom des gens qui n'ont pas la chance de s'adresser à un ministre ou à un premier ministre. Il croyait vraiment que c'était son travail de donner une voix à ceux qui n'en ont pas. » Mais par-dessus tout, affirme la journaliste chevronnée, c'est sa bonne humeur et sa simplicité qui lui manquent le plus.

C'est ce désir de bâtir un pont entre les deux solitudes qui amène l'ex-politicien à collaborer avec son amie Chantal Hébert à *Confessions post-référendaires : les acteurs politiques de 1995 et le scénario d'un oui.* Dans le cadre de ce livre-enquête, le duo interroge près d'une vingtaine des principaux protagonistes de cet épisode marquant de l'histoire récente du pays pour savoir quel était leur plan en cas de victoire du camp du OUI. Ils rencontrent ensemble les politiciens québécois et Sheila Copps, tandis que la chroniqueuse réalise seule les entrevues avec les politiciens du Canada anglais, ainsi qu'avec Jean Chrétien[4]. C'est également elle qui rédige le texte, en anglais, car Lapierre n'affectionne pas particulièrement l'écriture.

Chantal Hébert insiste pour dire que c'est grâce à Jean Lapierre s'ils réussissent à obtenir un entretien avec le premier ministre québécois de l'époque, Jacques Parizeau, un acteur central de la campagne référendaire. « On n'aurait jamais pu parler à Jacques Parizeau sans Jean. Il a contribué à ouvrir des portes, mais en plus, il a aussi contribué à la qualité des discussions. »

Leur ouvrage, paru en septembre 2014 aux Éditions de l'Homme, révèle que le référendum de 1995 a été le théâtre d'une série d'improvisations de la part des principaux

4. L'équipe de Jean Chrétien avait exigé que Jean Lapierre ne soit pas présent, note Chantal Hébert.

acteurs, et ce, dans les deux camps. On y apprend notamment qu'une guerre interne couvait dans le clan souverainiste et que Jacques Parizeau n'a pas adressé la parole à son allié bloquiste Lucien Bouchard le jour du vote. Chez les fédéralistes, personne n'était vraiment préparé en cas de victoire du OUI. Jean Chrétien envisageait de créer un cabinet d'unité nationale si les souverainistes remportaient leur pari, mais il n'en a touché mot à aucun de ses ministres.

Des journées bien remplies

Au fil des ans, Jean Lapierre se taille une place de choix dans l'univers médiatique. Ses interventions sont de plus en plus fréquentes. À l'automne 2013, TVA décide de lui donner davantage de visibilité. L'émission *Larocque/Lapierre*, diffusée le dimanche et d'une durée de 30 minutes, est abandonnée. Les deux collaborateurs se retrouvent du lundi au jeudi, à 16 heures, dans l'émission *100 % Nouvelles* à LCN, pour un segment de 30 minutes. Lapierre collabore aussi régulièrement à l'émission de Mario Dumont diffusée en matinée à LCN. La chimie entre les deux chroniqueurs est si bonne que la direction crée le segment quotidien « Caucus » à 11 heures.

Jean Lapierre commence sa journée de travail vers 5 h 15. Il entame sa série de coups de fils matinaux en appelant son amie Chantal Hébert, puis il enchaîne avec d'autres contacts qu'il veut sonder avant sa première intervention à la radio. Appels, courriels et textos : selon ses proches, Lapierre parle à une centaine de personnes quotidiennement. « Quand tu te lèves très, très tôt, tu as l'impression en quelque sorte que tu es en avant de la parade, dit sa fille Marie-Anne, qui lui parlait quotidiennement. Je pense qu'il aimait ce *feeling*-là. Il aimait tellement faire ce qu'il faisait qu'il avait hâte que ça parte. Et il voulait tout savoir avant tout le monde ! »

Le chroniqueur fait une dizaine d'interventions à la radio ou à la télévision tous les jours de la semaine : il est omniprésent dans les médias québécois. Voici un exemple de journée typique dans la vie du chroniqueur lorsqu'il est au zénith de sa carrière en 2016 :

7 h 05 : en ondes avec Paul Arcand au 98,5 FM, le moment de radio le plus écouté au Canada[5], autant des citoyens passionnés de politique que des chefs de cabinet et des leaders économiques ;

7 h 20 : chronique politique sur la station Cogeco de Québec, le FM 93, avec Sylvain Bouchard ;

7 h 40 : entretien avec Andrew Carter dans l'émission du matin à la radio anglophone de Montréal CJAD ;

8 h : intervention à *Salut, bonjour !*, à TVA ;

8 h 10 : chronique avec la station Cogeco de Trois-Rivières ;

11 h : collaboration à l'émission de Mario Dumont à LCN ;

12 h 10 : chaque jeudi midi, enregistrement d'une chronique au réseau de télévision CTV ;

16 h : analyse politique à LCN avec Paul Larocque ;

17 h 05 : en ondes avec Paul Houde dans l'émission du retour à la maison au 98,5 FM ;

17 h 35 : discussion politique avec Aaron Rand dans l'émission du retour à la maison à CJAD.

5. L'émission *Puisqu'il faut se lever* de Paul Arcand est l'émission de radio la plus écoutée au pays et le segment avec Jean Lapierre était le moment le plus populaire de l'émission. Source : Numeris, PPM, Canada.

À cela s'ajoutent, presque quotidiennement, plusieurs autres entrevues dans les médias.

Pas de doute, Jean Lapierre est un travailleur infatigable. « Jean n'arrêtait pas du matin au soir, du samedi au samedi. Comment peut-on faire pour devenir Jean Lapierre ? Travailler 20 heures sur 24 », conseille Paul Larocque.

Selon lui, son complice a réinventé le métier de chroniqueur politique en plaçant la barre très haut pour la profession. « Il y a l'avant et l'après Jean Lapierre. Ceux qui se contentent d'analyser froidement la politique quand ils sont chez eux à la chaleur de leur bureau font fausse route, parce que Jean Lapierre a rehaussé considérablement à la fois les exigences, mais surtout l'importance du propos et du métier, qui ne peut que s'exercer à la façon Lapierre, en travaillant beaucoup plus fort qu'avant. »

Michel David estime également que Lapierre a été un précurseur. C'est le premier politicien à avoir réussi son passage dans l'univers des médias avec autant de brio. Aujourd'hui, il est beaucoup plus fréquent de voir d'anciens politiciens donner leur opinion sur l'actualité politique à la télévision ou à la radio.

Pas à l'abri des dérapages

La popularité et l'omniprésence de Jean Lapierre dans les médias l'amènent à commettre quelques faux pas. En 2003, le Conseil de presse du Québec lui adresse un blâme pour des propos inacceptables qu'il a tenus au sujet du déneigement à la ville de Montréal[6]. Il est aussi traîné devant les

6. Voir la décision complète : https://conseildepresse.qc.ca/decisions/d2003-12-024/

tribunaux pour diffamation, mésaventure qui ne lui arrive cependant qu'une seule fois en 22 ans de carrière dans les médias.

L'affaire remonte à 2003, alors qu'il a sa propre émission à CKAC. En commentant une enquête percutante de la journaliste Brigitte McCann, du *Journal de Montréal*, qui a infiltré pendant neuf mois le mouvement raëlien, Lapierre va trop loin. Il laisse entendre que la journaliste a eu des relations sexuelles avec un garde du corps de Raël.

Le Journal de Montréal réplique en intentant une poursuite de 125 000 dollars contre Jean Lapierre et la station CKAC pour atteinte à la réputation. Une entente à l'amiable survient entre les parties en décembre 2006. Dans une lettre d'excuses envoyée à la journaliste et publiée dans le quotidien montréalais, Jean Lapierre dit regretter ses « propos injustifiés ».

Lapierre a de nouveau affaire aux tribunaux en 2011. Cette fois, c'est lui qui poursuit en diffamation. Le journaliste de Radio-Canada, Pierre Sormany, alors responsable de l'émission *Enquête*, affirme dans une publication sur Facebook – et non dans un reportage – que l'ancien politicien offre des services de relations publiques à l'entrepreneur Tony Accurso, qui est associé à des rumeurs de corruption dans l'industrie de la construction[7]. Insulté, Jean Lapierre ne tolère pas qu'on s'en prenne à

7. En 2012, Antonio « Tony » Accurso est arrêté par l'Unité permanente anti-corruption (UPAC) et accusé, avec 13 autres personnes, relativement à un système d'attribution de contrats municipaux à Mascouche. Des chefs d'accusation sont abandonnés et il est déclaré non coupable d'abus de confiance en février 2018. Il est ensuite arrêté en 2013 par l'UPAC pour son rôle allégué dans un stratagème de trucage des contrats publics et de pots-de-vin à Laval. En juin 2018, il est jugé coupable de cinq chefs d'accusation, dont corruption, fraude, abus de confiance et complot. Il est condamné à quatre ans de pénitencier, mais est libéré provisoirement pendant les procédures d'appel.

son intégrité et réclame pas moins de 350 000 dollars à Sormany. « Quand le mulot sort la tête, je sors la masse ! » lance-t-il en déposant sa poursuite[8]. Dans la foulée de cette controverse, Sormany se voit forcé de prendre une retraite prématurée.

Paul Arcand est ébranlé par cette affaire. Si ces allégations étaient fondées, il n'hésiterait pas à congédier Lapierre sur-le-champ. « Je lui ai dit que ça ne passait pas. Je n'ai jamais cru qu'il était assez cave pour être sur le *payroll* d'Accurso. Je savais qu'ils avaient des contacts. Je ne dirais pas qu'il avait un côté naïf, mais il se disait : "Aujourd'hui, lui il me parle, pis demain, ça va être un autre." »

Au cours du procès, Lapierre affirme que les propos de Sormany ont eu des répercussions négatives sur son travail, au point de « détruire tout ce que j'ai bâti dans une vie quand j'ai travaillé comme un chien[9] ». Dans sa conclusion, le juge estime que Jean Lapierre n'a pas perdu son honneur ou sa réputation, comme il le soutient, mais que les deux ont bien été entachés et fixe le dédommagement à 22 000 dollars.

Le juge retient la défense de Sormany, qui plaide l'erreur (alors qu'il avait l'intention d'envoyer un message à titre privé, il l'a mis sur le mur public d'une collègue). Durant le procès, Sormany doit admettre qu'il a confondu le chroniqueur avec un autre Jean Lapierre, qui possède une entreprise de communications appelée L'Heure juste. Le juge lui reproche de ne pas avoir vérifié si ce qu'il avançait était exact avant de tenir de tels propos, notant « qu'on

8. *La Voix de l'Est*, 3 octobre 2011, p. 2.
9. Voir le jugement de l'honorable Michel Yergeau rendu le 6 septembre 2012 : www.canlii.org/fr/qc/qccs/doc/2012/2012qccs4190/2012qccs4190.html.

se serait attendu à plus de rigueur de la part d'un journaliste d'expérience ».

Cette affaire marque profondément l'analyste. « C'était son honneur qui était en cause et il s'est battu bec et ongles. Il l'a lavé et le message a été envoyé d'aplomb à tout le monde », tonne Paul Larocque, ajoutant que Lapierre a fini par passer l'éponge en ce qui concerne ce dossier.

Une autre commission d'enquête

En 2010 et 2011, Jean Lapierre se fait remarquer par son opposition à la tenue d'une commission d'enquête sur l'industrie de la construction. Après avoir vécu les conséquences de la commission Gomery, l'ex-politicien n'est pas très chaud à l'idée que le Québec soit replongé dans une saga similaire. En octobre 2011, quand la commission est finalement mise sur pied par le premier ministre Jean Charest, Lapierre se rallie à cette solution de dernier recours, non sans la critiquer un peu. « La commission d'enquête sur la construction, c'est comme un castor pas de dents ! » dit-il de façon imagée, pestant contre le fait qu'elle n'a pas le pouvoir d'obliger les gens à témoigner[10].

En qualité d'analyste, il suit les travaux de la commission, présidée par la juge France Charbonneau, et les commente. À sa grande surprise, il s'y retrouve impliqué malgré lui lorsque le syndicaliste Michel Arsenault cite son nom lors de son témoignage, en 2014. La commission

10. Trois semaines plus tard, le gouvernement Charest se ravise en donnant les pleins pouvoirs d'une commission d'enquête à la juge Charbonneau, ce qui lui permet de contraindre des personnes à témoigner.

fait entendre un extrait d'écoute électronique dans lequel Arsenault – dont le téléphone était sous écoute – et Lapierre discutent de Tony Accurso. Sur la bande, l'analyste politique dit qu'il veut inviter le célèbre entrepreneur à manger au restaurant.

Lapierre n'apprécie pas du tout que son nom soit mentionné. Lors de son passage à l'émission *Tout le monde en parle* à Radio-Canada, en septembre 2014[11], il se défend avec fermeté. « J'ai pris contact avec Tony Accurso pour une raison très simple : pour l'avoir en entrevue à TVA. On a négocié à plusieurs reprises, non seulement moi, mais aussi mes patrons », explique-t-il, irrité. « Je rencontre du monde tous les jours que le Bon Dieu amène. Je vais dans les événements, je suis partout. Ça fait partie de ma personnalité et du plaisir que j'ai à faire cette *job*-là. Et par conséquent, je ne m'excuserai pas de travailler sept jours par semaine. Je regrette, mais faire de l'analyse, si tu ne vois pas personne, si tu ne parles pas à personne, on appelle ça se dévisser le nombril. C'est pas mon cas[12]. »

La politique le suit partout

En plus de ses multiples interventions quotidiennes, l'animateur dîne ou soupe tous les jours avec des contacts ou des amis. Au fait des plats préférés de ses proches, il cherche constamment la meilleure pizza ou les gnocchis les plus réussis pour leur faire plaisir.

11. Jean Lapierre est invité à l'émission pour faire la promotion du livre *Confessions post-référendaires* qu'il cosigne avec la journaliste Chantal Hébert.
12. L'entrevue peut être réécoutée à l'adresse suivante : www.youtube.com/watch?v=dcgjdTxdAKY.

Le jeune Lapierre a passé son enfance aux Îles-de-la-Madeleine. On le voit ici un peu avant l'âge de deux ans.

AVEC L'AUTORISATION DE LA FAMILLE LAPIERRE

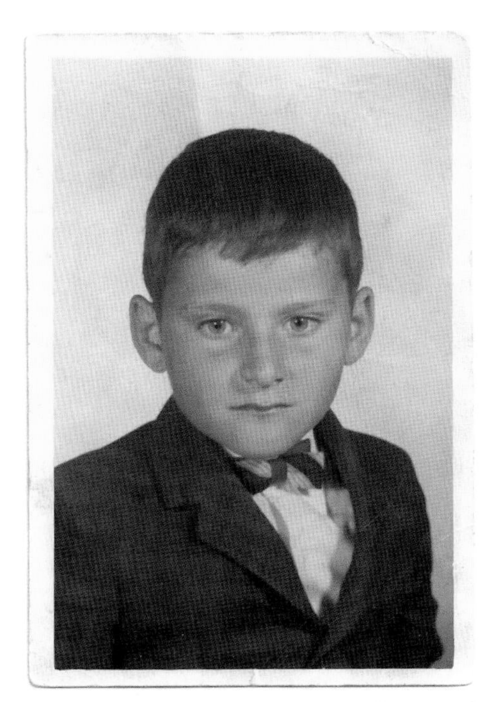

Jean Lapierre avait mis ses plus beaux habits pour sa première communion en 1963.

AVEC L'AUTORISATION DE LA FAMILLE LAPIERRE

En 1969, Jean Lapierre a reçu, avec trois autres élèves, le titre de la plus belle personnalité de l'École régionale des Îles.

MARIANNE WHITE, EXTRAIT DU *MADELINOT*, 30 JUIN 1969, P. 3

Alors qu'il était président de l'association des étudiants de la polyvalente, Jean Lapierre organise une manifestation avec ses compagnons pour protester contre l'absence d'un orienteur.

MARIANNE WHITE, EXTRAIT DU *MADELINOT*, 15 DÉCEMBRE 1971, P. 1

Jean Lapierre a fait un séjour d'un an en Californie, à Manhattan Beach. On le voit ici en mars 1973.

AVEC L'AUTORISATION DE LA FAMILLE LAPIERRE

Une des premières rencontres entre Jean Lapierre, alors président des jeunes libéraux de Shefford, et son mentor André Ouellet, ministre des Postes, en 1974.

AVEC L'AUTORISATION D'ANDRÉ OUELLET

En 1981, Jean Lapierre et sa femme Gabrielle Choinière accueillent leur premier enfant, Marie-Anne.

AVEC L'AUTORISATION DE LA FAMILLE LAPIERRE

Photo de groupe, prise en 1984, du premier conseil des ministres sur lequel a siégé Jean Lapierre (troisième à partir de la gauche, au dernier rang). Au premier rang, au centre, le premier ministre John Turner.

AVEC L'AUTORISATION D'ANDRÉ OUELLET

Le député libéral Jean Lapierre photographié le 14 novembre 1988 pendant la campagne électorale, sa quatrième en neuf ans.

DANIEL MALLARD / *LE JOURNAL DE QUÉBEC*

Portrait de famille pris en 1988. Jean est entouré de sa femme, Gabrielle Choinière, et de ses enfants Marie-Anne et Jean-Michel.

AVEC L'AUTORISATION DE SERGES RUEL

À l'été 1989, Jean Lapierre se rend en vacances aux Îles-de-la-Madeleine en compagnie de ses enfants.

AVEC L'AUTORISATION DE LA FAMILLE LAPIERRE

Le 30 octobre 1988, Jean Lapierre participe à un brunch politique qui attire 1100 personnes au centre Choinière de Granby. On le voit en train de serrer des mains avec Serge Laprade. Ce dernier a tenté une incursion, sans succès, en politique fédérale lors des élections de 1998.

AVEC L'AUTORISATION DE SERGES RUEL

Jean Lapierre a organisé à plusieurs reprises des visites au Parlement, à Ottawa, pour les citoyens de sa circonscription de Shefford. Sur cette photo prise le 22 mai 1988, il pose en compagnie de dizaines de personnes qui ont fait le voyage en autobus.

AVEC L'AUTORISATION DE SERGES RUEL

Jean Lapierre en compagnie de son collègue député Paul Martin à Waterloo le 6 novembre 1988.

AVEC L'AUTORISATION DE SERGES RUEL

En visite à Magog le 20 septembre 1988, le chef libéral John Turner rend visite à un agriculteur, Noël Lamontagne, en compagnie de Jean Lapierre.

AVEC L'AUTORISATION DE SERGES RUEL

Deux jours après sa démission comme député libéral en juin 1990, Jean Lapierre est accueilli à bras ouverts par ses électeurs dans Shefford.

RAYNALD LEBLANC / *LE JOURNAL DE MONTRÉAL*

Le 21 juillet 1992, Jean Lapierre annonce son départ de la vie politique lors d'une conférence de presse à Montréal.

ANDRÉ VIAU / *LE JOURNAL DE MONTRÉAL*

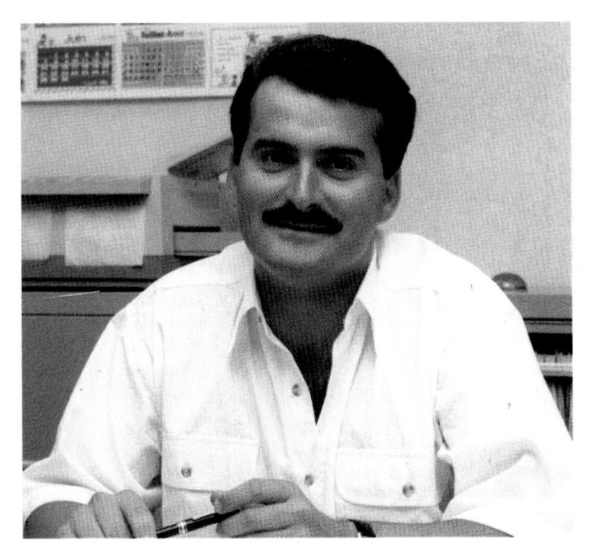

Moins d'un mois après avoir démissionné de son poste de député, Jean Lapierre fait ses débuts à la radio au micro de CKAC. On le voit sur cette photo le 22 août 1992, deux jours avant d'animer sa première émission.

CLAUDE RIVEST / *LE JOURNAL DE MONTRÉAL*

Jean et sa conjointe Nicole Beaulieu lors d'un voyage familial à New York au début des années 2000.

AVEC L'AUTORISATION DE LA FAMILLE LAPIERRE

À l'occasion des 20 ans de l'échec du lac Meech en juin 2010, Paul Larocque et Jean Lapierre invitent des protagonistes de l'époque, dont Lucien Bouchard, à participer à cette émission spéciale de *Larocque/Lapierre*.

JOËL LEMAY / AGENCE QMI

Jean Lapierre rendait souvent visite à ses parents aux Îles-de-la-Madeleine. On le voit avec sa mère Lucie et son père Raymond, ainsi que le petit Lénox et ses enfants Jean-Michel et Marie-Anne.

AVEC L'AUTORISATION DE LA FAMILLE LAPIERRE

Fier grand-papa, Jean Lapierre a publié cette photo sur son compte Twitter, en octobre 2015, pour souligner la naissance d'un de ses petits-enfants, Oscar, le fils de Marie-Anne.

CAPTURE D'ÉCRAN TWITTER

Le clan Lapierre était réuni en Floride en mars 2016, peu de temps avant l'accident d'avion, pour souligner en avance les 60 ans de Jean Lapierre. Sur la photo, Jean et Nicole sont entourés de Jean-Michel et de son fils Lénox, ainsi que de Marie-Anne, de sa fille Alix, de son conjoint Mathieu Belhumeur et de bébé Oscar.

AVEC L'AUTORISATION DE LA FAMILLE LAPIERRE

L'avion transportant Jean Lapierre, sa conjointe, ses frères Marc et Louis et sa sœur Martine s'écrase le 29 mars 2016 dans un champ aux Îles-de-la-Madeleine. Le pilote et le co-pilote périssent également dans l'accident.

MAXIME DELAND / AGENCE QMI

Le 8 avril 2016, des pompiers des Îles-de-la-Madeleine ont porté les urnes des défunts lors des funérailles des six membres de la famille Lapierre à l'église Saint-François-Xavier de Bassin, aux Îles-de-la-Madeleine.

MAXIME DELAND / AGENCE QMI

L'exemple suivant illustre bien le plaisir qu'il avait à partager un repas avec des amis. Lors de la campagne électorale québécoise de 2014, il profite d'une fenêtre d'à peine plus d'une heure dont il dispose avec Mario Dumont, avant l'enregistrement d'une émission, pour l'entraîner dans ses découvertes culinaires. « Il avait un souci de maximiser son temps. C'est un gars qui vivait vraiment intensément. Pas question pour lui de gaspiller une minute ou de manger un sandwich dans une machine. »

Pas de pause pour lui la fin de semaine non plus. Jean Lapierre organise très souvent des soupers le samedi et des brunchs le dimanche avec d'anciens politiciens et des amis. « Avoir Gilles Duceppe, Lucien Bouchard, Paul Martin à la même table, trouvez-moi quelqu'un qui peut faire ça ? Je n'en connais pas », dit Michel Pellerin, qui a assisté à des repas mémorables en leur compagnie.

Jean et sa conjointe Nicole servent leur spécialité aux convives : le pâté chinois. À leur table, ce classique de la gastronomie québécoise est revisité. Il est agrémenté de bacon, d'oignons et de fromage. Le plat fait les délices de tous, que ce soit des amis venus jouer au golf ou des dirigeants d'entreprise et des politiciens.

Pendant cette période, Jean consacre aussi du temps de qualité à sa famille. Il est déjà grand-père depuis 2009, à cause de l'arrivée de Mila dans la famille, la fille de la conjointe de son fils, née d'une union précédente. Le clan s'agrandit maintenant avec la naissance de Lénox, le fils de Jean-Michel, en septembre 2010, puis c'est au tour de Marie-Anne de donner successivement naissance à Alix, en décembre 2013, et à Oscar, en octobre 2015. Grand-père comblé, il ne connaîtra cependant jamais le petit dernier, Charles, né en août 2016, que Jean-Michel prénomme ainsi en mémoire de son père, dont c'était le deuxième prénom. « Il aimait beaucoup ses petits-enfants. Il était très attentionné », souligne-t-il.

Fou de joie, Jean Lapierre ne cesse de montrer de nouvelles photos de ses petits-enfants à ses amis. « C'était un grand-papa gâteau, confirme Marie-Anne. Il voulait qu'il y ait des moments privilégiés, des vacances, des soupers. C'était très important pour lui que ces moments-là soient festifs parce que le reste du temps il travaillait très fort. Ce n'était pas le grand-père que tu appelles pour aller chercher les enfants à la garderie si tu es mal pris ; il n'avait pas le temps de faire ça. Mais quand il était là, il l'était entièrement. »

Pour passer du temps en famille, il organise des vacances au bord de la mer, surtout sur la côte est américaine. « Il était excessivement fier de ses enfants et de ses petits-enfants. Il en parlait souvent et il prenait du temps pour eux. C'était précieux », relate son ami Jean-Guy Goulet.

Même s'il n'est pas à l'écran l'été, Jean Lapierre continue à voir des gens et à suivre l'actualité. Il garde un œil sur les nouvelles de son chalet du lac Brome ou d'ailleurs. Chaque année, il prend la peine de spécifier à ses auditeurs où il passe ses vacances afin de les inviter à venir piquer une jasette avec lui. « Il ne décrochait jamais vraiment complètement. Il carburait à ça. Il ne manquait rien », ajoute Marie-Anne.

Cette passion des affaires publiques et de la politique, Jean Lapierre l'a transmise à ses enfants. Ils ont été initiés dès leur tendre enfance au porte-à-porte, aux discours enflammés et aux soirées électorales. Cela leur a-t-il donné le goût de suivre les traces de leur père en s'engageant de façon active en politique ? « Pas du tout ! » lancent-ils en chœur.

Jean Lapierre, premier ministre du Québec ?

Lapierre embrasse pleinement sa deuxième carrière dans les médias. Lorsqu'il quitte la politique en 2007, il est déterminé à faire une croix sur cette partie de sa vie. Mais sa popularité, sa notoriété et son expérience sont alléchantes pour les partis politiques.

Le 5 septembre 2012, au lendemain d'une défaite électorale après neuf ans au pouvoir, Jean Charest démissionne de son poste de chef du PLQ. Certains stratèges libéraux n'ont dès lors qu'une idée en tête : convaincre Jean Lapierre de lui succéder.

Luc Ouellet, un proche de Charest, reçoit le mandat d'évaluer si le chroniqueur politique est intéressé. Il organise un lunch avec lui, comme ils en ont souvent à l'époque. Le 19 septembre, les deux hommes, qui se connaissent de longue date, s'installent à la table habituelle de Ouellet, au fond du Louis-Hébert sur la Grande Allée. « Des gens très importants dans le parti avaient intérêt à ce qu'on le sonde très, très rapidement avant de prendre position pour un des autres candidats », relate celui qui est maintenant à la tête du cabinet de relations publiques National à Québec.

Il lui fait son *pitch* de vente, mais réalise très vite l'absence d'ouverture de son interlocuteur. « Je suis flatté, Luc, lui répond Lapierre, mais j'ai le meilleur des deux mondes. Je considère que je fais de la politique sans les inconvénients de la politique et en plus on me paie bien pour ça. »

André Ouellet, son mentor politique, estime qu'il aurait eu toutes les qualités d'un bon chef de parti. « Je rêvais qu'il devienne premier ministre du Québec. » Son vœu ne sera pas exaucé.

Luc Ouellet a gardé le silence sur cet épisode jusqu'au décès de Jean Lapierre. « Il m'avait demandé de ne pas ébruiter ça. Il ne voulait pas être obligé de répondre à une pression médiatique », explique le stratège, qui n'évoque cette rencontre sur les ondes du FM93 à Québec qu'en mars 2016, au lendemain du tragique accident.

À la fin du règne de Gérald Tremblay, d'autres tentent de le convaincre de se lancer dans la course à la mairie de Montréal. Richard Mimeau affirme qu'il était prêt à mettre sur pied une équipe pour soutenir la candidature de Jean à la mairie et que les appuis étaient nombreux. « D'après moi, il aurait pu devenir premier ministre du Québec ou maire de Montréal comme ça, dit-il en claquant des doigts. Mais il n'y avait même pas réfléchi. Pour lui, c'était fini, il ne voulait plus revenir en politique. » Mimeau aurait tout lâché sur-le-champ pour se lancer avec lui dans l'une ou l'autre de ces aventures. « Il est revenu en politique pour Paul Martin, et moi, je serais revenu en politique pour Jean Lapierre. »

Chantal Hébert, comme plusieurs autres proches du commentateur, est d'avis que son ami ne serait retourné en politique pour rien au monde. « Je n'ai jamais imaginé une seconde que Jean déciderait de faire un retour en politique. Il avait reçu de la politique ce qu'il avait voulu recevoir. Il a été dans un parti qui n'existait pas, il a été ministre deux fois, il a été dans l'opposition officielle dans un rôle assez actif. Je ne peux pas imaginer qu'il y avait grand-chose de plus pour lui en politique. » Selon elle, il chérissait l'équilibre qu'il avait enfin trouvé et était satisfait de l'influence qu'il exerçait en tant qu'analyste. « Il faisait juste ce qu'il voulait. Il avait trouvé son créneau, sa niche. Il était vraiment heureux là-dedans », renchérit Marie-Anne.

Un humour décapant

Les auditeurs de Jean Lapierre apprécient particulièrement son sens de l'humour et de la répartie, deux armes essentielles en politique. Chaque jour, il redouble d'ardeur afin de trouver la bonne formule pour mettre en lumière les travers humains des politiciens et analyser leurs échanges.

Avant ses interventions, il feuillette ses fameux carnets noirs dans lesquels il consigne une multitude de détails : citations, dates, noms de personnes à contacter, argumentaires des partis politiques et, bien sûr, anecdotes et expressions savoureuses. « Il regardait tout ce qu'il avait noté durant les dernières heures et il se préparait », raconte Mario Dumont. Le sourire aux lèvres, celui-ci décrit la façon dont Lapierre consulte son carnet de notes, incapable de se retenir de rire, les épaules sautillantes, se délectant à l'avance de ce qu'il s'apprête à raconter.

Un matin, les deux complices sont pris d'un fou rire mémorable alors qu'ils parlent du conservateur Jason Kenney. C'est le seul député à la Chambre des communes à avoir gardé sa « josephité », dit Lapierre dans son langage imagé. Surpris, Mario Dumont lui demande : « Il est vierge ? » Jean Lapierre précise que l'ancien ministre, qui envisage alors de se lancer dans la course à la succession de Stephen Harper, « n'a jamais, jamais, jamais, jamais, jamais, jamais (couché) ni avec qui que ce soit ni avec quoi que ce soit. » La réplique de Dumont ne se fait pas attendre : « C'est pas mauvais, le monde est tellement écœuré de se faire fourrer », déclenchant l'hilarité générale sur le plateau.

« Josephité » illustre bien la palette d'expressions uniques que Jean Lapierre utilisait pour pimenter ses interventions. Ces « Lapierrismes », comme certains les appellent, sont parfois inspirés du vocabulaire propre aux Madelinots, parfois inventés de toutes pièces par l'animateur. Ces perles si pittoresques font partie de son héritage et sont encore utilisées par ses proches ou ses admirateurs. Voici une sélection des plus savoureuses[13].

– « Comme maman dit : il a donc de la bavasse celui-là ! »

– « Ça va empironner avant de s'emmieuter. »

– « Ils sont pauvres comme un crucifié plumé », en parlant des mauvaises finances de partis politiques.

– « Le trouble est en option », pour décrire des situations embarrassantes.

– « Pâle comme un pet-de-sœur. »

– « La lettre de Bernard Landry ce matin, c'est aussi savoureux qu'un gruau nature réchauffé au micro-ondes », en référence à une lettre ouverte qu'il jugeait inintéressante.

– « Y'a viré sur le rack à skis », pour parler de quelqu'un qui perd le contrôle d'une situation.

– « Il va se faire mettre dehors le cul sur une pelle à charbon. »

– « Ça fait cornet à deux boules », son équivalent « d'avoir le beurre et l'argent du beurre ».

– « Il est plate comme une crêpe » ou « C'était tellement plate qu'il était plus excitant de regarder la peinture sécher sur un mur ».

– « Il est à la politique ce que le tofu est à la salade : sans couleur et sans saveur », pour décrire le chef libéral Michael Ignatieff pendant la campagne électorale fédérale de 2011.

---

13. Certaines de ces expressions sont tirées du site jeanlapierrisme.tumblr.com, d'autres ont été suggérées par ses collaborateurs ou retracées dans ses chroniques encore disponibles sur le site radioego.com.

– « On dirait un orignal ou un chevreuil devant les phares d'un camion. Il doit sourire plus et desserrer les dents », au sujet de Gilles Duceppe lors de la campagne de 2011.

– « Le problème, c'est que l'intégrité c'est comme la virginité, c'est ben dur d'en ravoir ! », pour expliquer les difficultés de Jean Charest à remonter dans les sondages en 2012.

– « Ils avaient l'air d'une gang de gars qui voulaient se mordre le front avec le dentier d'en bas », à propos des libéraux provinciaux qui appuyaient le refus de Jean Charest de tenir une commission d'enquête sur la corruption.

– « Le NPD, jusqu'à présent au Québec, c'est une aventure d'un soir. On ne s'est jamais rendu aux fleurs ni au chocolat », au sujet de l'élection du nouveau chef du NPD en mars 2012 et du travail qu'il aura à faire au Québec.

– « C'est métal sur métal », pour parler d'une course très serrée.

– « Ce ne sont pas les sondages qui ne sont pas fiables, c'est le monde ! »

– « Ils sont en train de forcer comme des constipés pour faire bouger l'aiguille des sondages. »

– « Je reviens à mon exemple de la reine du carnaval : ce n'est pas nécessairement la plus belle qui gagne, c'est celle qui a vendu le plus de chandelles ! »

– « C'est frisquet ici, même dans ma chambre d'hôtel. Cette nuit, je me suis fait une petite tente avec mes couvertes pour me réchauffer avec mon haleine, un peu comme les bœufs réchauffaient le petit Jésus dans la crèche », pour décrire une visite à Québec durant le Carnaval.

– « Comme disait Marc Lalonde : les promesses, y a juste ceux qui les entendent qui s'en souviennent. »

– « Comme disait mon ami Gilles Rocheleau : quand tu tues une mouche, assure-toi que le jus sorte. »

Ces expressions bien senties sont une preuve éloquente de la passion de Lapierre pour la langue française et les régionalismes. Un amour des mots qui lui vient de ses parents, selon sa sœur Laure. Elle en témoigne lors d'un hommage qu'elle lui rend à la bibliothèque municipale des Îles-de-la-Madeleine, renommée en mémoire de son frère, un an jour pour jour après la tragédie qui a décimé la famille.

« Jean a eu la chance, comme moi, d'avoir des parents qui valorisaient l'éducation, qui valorisaient le partage, une maman qui nous a transmis l'amour des mots, du beau langage, l'importance de l'écriture sans faute et de la clarté du propos, le goût de communiquer et d'aller à la rencontre de l'autre[14]. » À ses yeux, cette bibliothèque est à l'image de son frère, un amant du savoir et de la culture.

Jacques Chagnon, l'ancien ministre libéral, croit lui aussi que c'est l'humour et le verbe coloré de Lapierre qui ont fait son succès. Quand le commentateur était en ondes, raconte-t-il, son chauffeur ne manquait jamais de monter le son de la radio. « Il avait une capacité d'inventer une image à laquelle personne n'avait pensé », souligne l'ex-président de l'Assemblée nationale qui l'a connu au cégep de Granby dans les années 1970.

La facilité de Jean Lapierre à pondre des formules-chocs révèle un excellent pédagogue ayant une réflexion profonde sur la politique et la vie, estime quant à lui Paul Larocque. « C'est un érudit de la politique, c'est une encyclopédie de la politique, c'est un très grand penseur de la politique, mais qui est toujours resté le gars des Îles, toujours soucieux d'expliquer la joute politique à des gens qui

14. Voir le compte rendu de cette cérémonie fait par la radio locale CFIM : http://cfim.ca/bibliotheque-hommage-a-jean-lapierre-entrevue/

ne s'intéressent pas ou ne comprennent pas nécessairement tout ça. Sous le couvert d'une grande simplicité et efficacité dans son message, se cachaient à la fois une grande sagesse et une grande réflexion de fond. »

Des moments marquants

Un autre collaborateur de Lapierre souligne à quel point il était privilégié de le côtoyer. Paul Houde chérissait leur segment dans son émission au 98,5 FM. « C'était un de mes moments préférés de l'émission, sinon mon moment préféré. Je me frottais les mains à 16 h 55 en me demandant ce qu'il allait nous apporter cet après-midi-là. J'avais l'impression qu'on se retrouvait sur le perron de l'église. »

Son collègue Paul Arcand appréciait particulièrement ses prises de position bien campées, qui allaient parfois à contre-courant, par exemple son appui indéfectible à la Charte canadienne des droits et libertés. « [Il] n'aurait pas dit n'importe quoi juste pour être populaire le temps d'une chronique. »

Ses montées de lait sur des sujets aussi variés que la maltraitance animale, les abus à l'encontre des enfants et le projet de charte des valeurs québécoises, défendu par le ministre péquiste Bernard Drainville à l'automne 2013, faisaient le bonheur de Paul Arcand. Il se rappelle, entre autres, comment Jean Lapierre, fervent défenseur des droits des minorités, avait pourfendu la charte proposée par le gouvernement Marois, qu'il a été jusqu'à comparer au Front national, le parti d'extrême droite français[15].

15. Devenu le Rassemblement national depuis le 1er juin 2018.

Mario Dumont, lui, n'est pas près d'oublier la sainte colère que le commentateur a piquée au sujet du saccage de l'UQAM survenu en avril 2015, lorsqu'un groupe d'étudiants a occupé l'un des pavillons pendant plusieurs heures, brisant du matériel au passage et bloquant l'accès à des salles de cour. « La police, qu'est-ce que ça a coûté dans cette journée-là ? Parce qu'ils ont été obligés de courailler du monde jusqu'à deux heures du matin. Les gens qui nous écoutent là, on leur dit de payer leurs impôts, que c'est le temps des impôts... parce qu'il y a des petits "baptêmes" qui ont tout défait », s'était enflammé Lapierre à l'émission de Dumont. Il avait aussi dû s'excuser en ondes après avoir qualifié l'UQAM de « maison des fous ».

Dans une de ses chroniques devenue célèbre, Jean Lapierre donne un cours 101 de poignée de main. Il livre à Paul Arcand les règles d'or à respecter pour se faire élire aux élections de 2008. Le député du Parti québécois Pascal Bérubé la connaît par cœur, et il n'est sûrement pas le seul ! En voici quelques extraits :

Les candidats doivent se donner un objectif de 1000 poignées de mains par jour. En 36 jours [de campagne] ça fait 36 000 personnes que tu salues, c'est à peu près la moitié de ton comté.

Il faut que tu décides : est-ce que je vais donner la main à l'entrée [lors d'un événement] ou pendant que les gens sont assis aux tables ? Tu ne peux pas faire les deux parce que souvent tu vas donner deux fois la poignée de main à la même personne. Et la personne est insultée parce que ça paraît que tu ne l'as pas reconnue.

Si tu décides que c'est au moment du cocktail, si le cocktail est à 17 h 30, tu arrives à 17 h 20, et là, tu t'installes à l'entrée, un peu comme si tu allais à une noce et que tu es le père de la mariée. Et tout le monde qui rentre, tu les salues. Et bouge pas de la porte, il ne faut pas que tu en manques un !

Si tu choisis la technique des tables, tu arrives un peu plus tard et tu fais systématiquement toutes les tables pour ne pas en manquer. Et quand t'as fini, reste pas là, ils t'ont tous vu[16].

La perspective qu'avait Jean Lapierre de la politique était unique. Il y avait une certaine magie dans sa capacité à donner accès à ses auditeurs et téléspectateurs aux coulisses du pouvoir. Et ceux-ci l'appréciaient. D'après un sondage réalisé par la firme Léger un an après son décès, il jouit encore d'une grande popularité auprès des Québécois, 64 % d'entre eux disant apprécier ses chroniques[17]. Plus d'une personne sur deux dans la province souhaite aussi que l'on honore sa mémoire en donnant son nom à une rue, un parc ou un autre endroit significatif.

Mais Jean Lapierre n'était pas seulement populaire. C'était aussi un influenceur. Il s'est hissé à plusieurs reprises au top 10 des personnalités de l'information qui contribuent le plus à améliorer la confiance des Québécois. En 2016, il figurait au 9e rang de ce palmarès, aux côtés de Chantal Hébert[18]. Ses collègues Pierre Bruneau, Mario Dumont et Paul Arcand y occupaient les trois premiers rangs.

---

16. L'extrait complet est disponible à l'adresse www.radioego.com/radioego/media/jean-lapierre-cours-poignee-de-main-080918#.
17. Sondage réalisé entre le 6 et le 9 février 2017 auprès de 1009 répondants, avec une marge d'erreur de 3,1 %, 19 fois sur 20.
18. D'après les sondages réalisés entre 2012 et 2016 par la firme de sondage Ipsos.

Une influence inégalée

À une période où les chroniqueurs se multipliaient sur toutes les plateformes médiatiques, Jean Lapierre réussissait à être écouté religieusement. Son auditoire était vaste et diversifié, et ce, dans les deux langues officielles. Son rayonnement unique lui permettait aussi de trouver écho auprès des gens de pouvoir. Selon un palmarès dressé par le magazine *L'actualité* en 2015, il se classait au 17e rang des 25 personnalités qui ont le plus d'influence en politique québécoise.

Le premier ministre libéral Philippe Couillard admet, peu après le décès de Lapierre, que celui-ci donnait le ton à la journée. Le sujet politique du jour découlait souvent de sa chronique matinale. Son prédécesseur va plus loin. Selon Jean Charest, sans ses analyses, la politique ne sera plus jamais la même. « Il n'a pas été remplacé, et il ne le sera jamais. [...] c'est facile de dire ça, mais c'est vrai, dans le style, dans la façon de raconter. Mais ce n'est pas uniquement le style. Il n'y a personne qui était à la fois aussi branché sur les libéraux fédéraux, les libéraux provinciaux, le Parti québécois, le Bloc, la CAQ, le Parti conservateur, le NPD, et qui connaissait en plus l'histoire politique à la fois du Québec et du Canada [autant] que lui. Jean avait tout ça, en plus d'avoir une intelligence très vive. Il y aura juste un Jean Lapierre. On ne verra personne d'autre comme lui », estime l'ancien premier ministre.

Son influence dans la sphère publique et son rôle sur l'échiquier politique étaient si considérables et incontournables qu'il était rare que les cabinets politiques reçoivent des appels entre 7 heures et 7 h 15. Chaque semaine, 432 000 auditeurs écoutaient sa chronique au 98,5 FM dans l'émission *Puisqu'il faut se lever* avec Paul Arcand[19]. Certains cabinets intégraient même ses propos dans les revues de presse.

« Il avait une méga influence. Il forçait, par exemple, les décideurs à mesurer la popularité d'un projet de loi », souligne Paul Arcand. « Ce n'est pas que la chronique politique ne peut pas être faite autrement, mais vous ne trouverez jamais quelqu'un qui combine tout ce qu'il a été, c'est-à-dire une personnalité agréable, drôle, rigoureuse avec des valeurs et surtout, ça me dépassait, un grand travailleur », s'émeut l'animateur radio.

Jean Lapierre a su saisir la puissance des médias pour lesquels il travaillait, c'est-à-dire les émissions de télévision et de radio les plus écoutées du Québec. Il avait le don d'attirer l'attention sur des priorités et, avec son pif politique, de saisir l'humeur des citoyens, avance le chroniqueur Jonathan Trudeau, qui s'est beaucoup inspiré de lui. « Oui, c'était un influenceur, mais c'est surtout qu'il avait tout le temps la bonne lecture de la situation, nuance-t-il. Son influence, ce n'était pas de dire aux gens : Voici comment vous devez penser. Son influence c'était de dire : Voici la lecture de la situation, ce que monsieur et madame Tout-le-Monde vont en penser. »

Pour Ugo Thérien, Jean était un raconteur qui pimentait ses histoires. Pas un menteur, mais un « agrémenteur ». « Il n'y a jamais d'erreur de faits, mais la lumière est toujours un peu plus grosse », explique-t-il.

Si l'audimètre bondissait quand Jean Lapierre entrait en ondes, c'est parce qu'il dévoilait des nouvelles ou des détails

19. Source : Numeris, PPM, Canada, CHMP, T2+, l-v 7 h-7 h 30, portée hebdomadaire, automne 2015.

sur les coulisses de certaines décisions. Pour s'alimenter, il ne se contentait pas de parler à l'entourage des politiciens, il discutait avec les ministres, les chefs, les premiers ministres et des gens de tous les partis. Son réseau était tel qu'il pouvait joindre n'importe qui, n'importe quand et n'importe où.

Certains de ces politiciens lui divulguaient une nouvelle, d'autres le contactaient pour lui faire valoir leur point de vue avant qu'il ne prenne la parole. Cela ne le faisait pas nécessairement changer d'idée, mais ce *spin* pouvait faire la différence entre asséner un coup de marteau ou un coup de bélier. « De temps en temps, il m'est arrivé de l'appeler pour le sonder pour avoir sa réaction à une affaire qui se passait et avoir sa lecture à lui, confie l'ancien premier ministre Jean Charest. J'insiste sur le fait que je n'étais pas le seul à lui parler, et je le savais très bien. Il me répondait avec franchise, et si on lui disait que c'était une conversation *off the record,* il le respectait. »

Les politiciens saluent également la justesse de ses commentaires, car Jean Lapierre savait mettre en lumière les bons et les mauvais coups de tous les partis. Son attitude et son empathie lui permettaient de tisser des liens étroits avec les élus et de sonder leurs états d'âme, explique Pascal Bérubé, le député du Parti québécois avec lequel il avait le plus de contacts. « Les politiciens baissaient leur garde avec lui, car sa personnalité prêtait à ça. Dès que tu le rencontrais, tu sentais que tu pouvais parler avec lui. »

Transmettre sa passion

Quand il disparaît tragiquement à l'aube de ses 60 ans, Jean Lapierre est au sommet de son art. Il a peaufiné avec le temps son style qui allie humour, potinage, spectacle et humanisme. Car pour lui, la politique, c'est d'abord et avant tout les femmes et les hommes qui la composent.

« La politique, c'est ce qu'il y a de plus beau et de plus laid dans la nature humaine. C'est le seul endroit où on vit un kaléidoscope de sentiments. T'aimes, t'haïs, tu célèbres, t'as peur, c'est jamais pareil[20] », dit-il avec son accent si caractéristique et son débit rapide, en janvier 2016, peu de temps avant sa mort.

Loin d'être cynique, Jean Lapierre vouait un respect à ceux qui, comme lui, acceptaient de mettre leur face sur un poteau et leur tête sur un billot. Il racontait la politique comme il la voyait, en tentant de l'expliquer en termes simples. Et surtout, il le faisait pour aider ses concitoyens à comprendre les décisions des élus. « Je crois en une manière de rendre la politique accessible. Et c'est ce que je fais chaque jour que le Bon Dieu amène. Je regarde ça comme si c'était une partie de hockey, comme si j'étais un arbitre au hockey. Et je décris le match. Et c'est ça que j'essaie de faire tous les jours à la radio et à la télévision comme analyste, parce que je trouve que c'est la manière d'intéresser des gens qui autrement ne le sont pas. Moi, le meilleur compliment qu'on peut me faire, quand je me promène sur la rue ou dans les centres d'achat, c'est quand les jeunes viennent me voir et me disent : "Moi, la politique, ça ne me disait rien du tout, mais *astheure*, je vous écoute, je suis ça, pis je ris." Je me dis qu'au moins, j'ai accompli quelque chose. C'est ma manière à moi de rendre service à la communauté[21] », confie-t-il à Esther Bégin. Cette analogie avec

---

20. *Jean Lapierre se raconte*, entrevue citée.
21. *Jean Lapierre se raconte*, entrevue citée.

le hockey fait d'ailleurs bien rire ses amis, qui n'arrivaient jamais à parler de sport avec lui.

Pour Chantal Hébert, son ami a su se réinventer avec succès lors de son retour dans les médias. « Dans sa plus récente incarnation, il avait réussi à mettre tout ce qu'il avait appris, et la maturité qui allait avec, dans quelque chose qui avait de l'allure. Les gens aujourd'hui, quand ils parlent de Jean Lapierre, ils ne parlent pas de Jean Lapierre le bloquiste ou le ministre des Transports, ils parlent juste de Jean Lapierre le commentateur. Je crois qu'il aurait pu en faire une longue carrière. »

Son départ subit laisse un grand vide à TVA. Pour la direction, pas question d'asseoir un nouvel analyste dans la chaise laissée vacante à 16 heures avec Paul Larocque. Il est irremplaçable aux yeux de Serge Fortin, qui tient à mijoter un nouveau concept d'émission dans les semaines qui suivront son décès : *La joute.* Animée par Paul Larocque, la quotidienne décortique la politique avec différents panélistes.

« J'estimais que ce n'est rendre service à personne que de lui demander de chausser les souliers de Jean Lapierre, explique Paul Larocque. Comment veux-tu être à la hauteur de Jean du jour au lendemain ? C'est très difficile. Inutile de tenter de faire une pâle copie. Je ne dis pas qu'il n'y a pas des gens qui ont du talent. Tu peux faire autre chose, mais tu ne peux pas faire ce que Jean Lapierre faisait. »

Au 98,5 FM, la direction fait un choix différent. Bien que la perte soit immense, elle fait le pari de maintenir le segment politique de 7 h 05 avec Paul Arcand. C'est l'ancien ministre péquiste Bernard Drainville qui occupe le siège de Lapierre depuis le printemps 2017. Comme son prédécesseur avant lui, il analyse les enjeux politiques en tentant de faire abstraction de ses anciennes allégeances.

« On voit qu'il y a toujours une demande pour un rendez-vous politique à 7 heures du matin qui va nous permettre de donner le ton de la journée. Mais ça ne sera jamais comme [avec] Jean », affirme Michel Lorrain, vice-président exécutif de Cogeco Média. Il attribue le succès de Lapierre à sa complicité exceptionnelle avec Paul Arcand, à son sens du punch « magique » et à son désir de connecter avec le public.

La recette gagnante

Le mot de la fin revient à Lucien Bouchard. « Ce qu'il a fait de plus durable, c'est l'idée qu'un journaliste ou commentateur n'est pas forcément plate, pas forcément sentencieux, qu'il peut être drôle et proche des gens. Il peut être populaire tout en étant capable d'émettre des jugements souvent très profonds. »

Selon le cofondateur du Bloc québécois, c'est à sa personnalité que Jean Lapierre doit sa grande popularité. « C'était beaucoup lié à ce qu'il était profondément, à ses qualités humaines, sa personnalité ouverte, sympathique, respectueuse des gens, intéressée par les gens. Et ça s'est cristallisé dans son métier, et il a travaillé fort – il n'était pas aussi bon que ça au début. »

La vaste majorité des personnes interrogées pour ce livre s'entendent pour dire que c'est le Jean Lapierre chroniqueur, et non le Jean Lapierre politicien, qui a le plus laissé sa marque. C'est de celui-là qu'ils gardent le souvenir le plus impérissable.

Par sa façon bien à lui de manier l'humour, il faisait rire le public et déridait les politiciens. Mais au-delà de son style unique, c'est en vulgarisant des enjeux complexes et en rendant la politique accessible qu'il a le plus contribué à la société. Il a ainsi réussi à initier à la chose publique des gens qui autrement ne s'y seraient jamais intéressés. Loin d'être cynique, il admirait l'engagement politique, car il connaissait les sacrifices que cette vie impose.

Jean Lapierre était un homme du peuple, auquel il vouait un immense respect. Il s'efforçait d'aider ses compatriotes à mieux comprendre le monde qui les entoure.

Aujourd'hui encore, on se prend à se demander quelle image Jean Lapierre aurait choisie pour décrire les derniers rebondissements politiques. Ou quel potin il aurait révélé en ondes. Des expressions de son cru sont encore utilisées fréquemment. Plus de deux ans après son départ, il ne fait pas de doute que Jean Lapierre continue de vivre dans l'imaginaire collectif québécois.

La recette du succès de ce personnage hors du commun ? Était-ce son grand sourire ? Ses analyses percutantes ? Ses expressions colorées et amusantes ? Sa vaste expérience politique ? Ou encore sa longue liste de contacts ? Tout ça, assurément. Mais aussi, et surtout, c'est son authenticité et sa gentillesse, appréciées de tous, qui ont fait de lui le commentateur politique le plus apprécié du Québec. Authenticité et gentillesse, ces qualités simples, mais souvent banalisées, Jean Lapierre les a cultivées toute sa vie : arrivées à maturité, elles lui ont permis de captiver aussi bien les premiers ministres que les électeurs dans un centre d'achat.

Chapitre 6

UN MENTOR APPRÉCIÉ

Il était heureux comme un chien
dans une boîte de pick-up.
JEAN LAPIERRE

Vedette incontestée des médias, politicien à la carrière plus qu'enviable, communicateur chevronné… et aussi mentor. C'est sans doute en jouant ce rôle que Jean Lapierre laissera les traces les plus profondes chez ceux qui l'ont côtoyé de près.

Durant toute sa carrière, autant comme politicien que comme analyste, il a conseillé et inspiré des jeunes de divers horizons. Des employés politiques, des journalistes débutants et des aspirants politiciens qui tentaient de faire leur place ont bénéficié de sa générosité, de sa sagesse et de ses conseils. Pour lui, préparer la relève était un vrai bonheur. Malgré un emploi du temps très chargé, il n'hésitait jamais à guider les autres et à leur transmettre son savoir, sans prétention et avec bienveillance. Professeur adulé, il aura exercé avec passion le rôle de *coach* professionnel et aura réussi à passer le flambeau à ses élèves.

Les huit lettres qui suivent ont été écrites par des gens que Jean Lapierre a inspirés. Dans leurs propres mots, ils rendent hommage à leur mentor et guide. D'une certaine façon, ils redonnent ainsi un peu de ce qu'ils ont reçu.

ANDRÉ FORTIN

Étoile montante de la politique québécoise, André Fortin dit avoir pris goût au service public en travaillant aux côtés de Jean Lapierre. C'est pendant qu'il occupe le poste d'attaché de presse auprès du politicien — alors ministre des Transports — qu'il affirme avoir tout appris.

En 2012, il choisit de se porter candidat, même si son mentor lui conseille d'attendre, car il a de jeunes enfants. Ce père de deux fillettes ne l'a pas écouté. Il est élu sous la bannière libérale aux élections provinciales de 2014 dans Pontiac.

S'il a vu André Fortin devenir député, Jean Lapierre n'était malheureusement plus là quand il a accédé au conseil des ministres, en octobre 2017. Le parcours fulgurant de son poulain aurait sans nul doute fait sa grande fierté.

Encore ébranlé par le décès de son ancien patron, André Fortin continue de s'inspirer de lui, autant dans sa vie personnelle que dans sa vie professionnelle.

Salut Jean,

T'as sûrement entendu.

Certains me décrivent aujourd'hui comme ton élève, d'autres utilisent le mot « proche ». Mais en y repensant, et ça m'arrive souvent ces derniers temps, la seule vraie façon de décrire notre relation, c'est de dire que j'étais, comme plusieurs autres, ton protégé.

2004, Ottawa. On ne se connaissait pas, mais après une entrevue de seulement 30 secondes, tu m'as embauché comme attaché de presse, alors que je n'avais aucune expérience et sans que j'aie pu démontrer une quelconque aptitude à occuper cette fonction. À l'époque, je n'avais que très peu de « valeur ajoutée » pour ton équipe.

Tu m'as tout de même souhaité la bienvenue dans le groupe. Et en deux ans, tu m'as enseigné à peu près tout ce que je sais de la politique.

D'abord, l'éthique de travail. L'importance de trouver, même si c'est à 4 h 30 du matin, le temps pour réfléchir à notre stratégie quotidienne.

Ensuite, la façon d'interagir avec les Québécois. Être réellement intéressé par leur quotidien, par toutes leurs histoires, c'est la base de la politique. J'ai beau essayer, je ne reproduirai jamais cette authenticité que tu dégageais dans tes relations avec les gens.

Enfin, l'importance d'avoir du plaisir dans ce qu'on fait. Même quand, par moments, la charge de travail pouvait être lourde, tu trouvais toujours le temps de rire et de faire rire.

Cependant, c'est des années suivantes que je te suis le plus reconnaissant.

Le jour suivant les élections de 2006, alors que tout le monde essayait encore de comprendre ce qui s'était passé, alors que tous tes collègues et amis digéraient encore la défaite en pensant à leur avenir et à l'avenir du Parti libéral, tu pensais au mien. Et pendant que je vivais un moment difficile, tu cognais à toutes les portes. Pour moi. Pour me protéger.

Après avoir probablement épuisé ton réseau, tu as convaincu Nicole, ton épouse, de m'offrir un poste dans son équipe chez Loto-Québec. Encore une fois, tu m'envoyais dans un monde que je ne connaissais pas et pour lequel je n'avais aucune qualification. Erreur bête de jeunesse, j'ai refusé le poste.

Au cours des années suivantes, tu es retourné à Montréal, et moi, je suis resté à Gatineau. Ton travail t'amenait quand même régulièrement à Ottawa. Et à chacune de tes visites, sans exception, mon téléphone sonnait. « Salut salut ! Je suis en route pour Ottawa. C'est jour de budget. T'as le temps de prendre une bouchée ? » Je me suis toujours demandé pourquoi. Tu avais peu de temps en ville, des chroniques à préparer, et franchement, tu aurais pu prendre cette bouchée avec n'importe quel ministre, n'importe quel commentateur. Des gens qui auraient pu te donner des scoops, t'aider dans ton travail. Mais non. Tu prenais toujours le temps de me voir. Pour t'assurer que j'allais bien. Pour offrir quelques conseils sur ma carrière, sur la famille, sur la vie. Pour me protéger.

Quand j'ai pensé me présenter en politique, tu es la première personne à qui j'en ai ouvertement parlé. Ta réaction n'était pas la bénédiction que je m'attendais à recevoir. Tu m'as regardé droit dans les yeux et tu m'as dit que ça ne se faisait pas avec une jeune famille. Tu m'as confié à quel point ç'avait été difficile pour toi. Je suis parti un peu fâché, je t'avoue. Même si j'avais compris que tu avais dit tout ça pour mon bien. Pour me protéger.

Évidemment, je ne t'ai pas écouté.

Et après avoir été choisi candidat du PLQ en 2013, j'ai participé à ma première rencontre du caucus. Je ne sais trop pourquoi, mais la première fois, j'étais un peu intimidé. Pendant les dix premières minutes, trois futurs collègues m'ont apostrophé, tous avec un grand sourire : « C'est toi, Fortin ? Jean Lapierre m'a beaucoup parlé de toi ! »

À ma grande surprise, avant même que j'arrive à Québec, tu avais préparé le terrain. Auprès de collègues, de commentateurs que je ne connaissais pas, tu m'avais bâti une réputation qui me sert encore aujourd'hui. Merci, Jean.

Dans les jours suivant ta mort, j'ai perdu mes repères politiques pendant quelque temps. Ce n'est pas parce qu'à l'époque je te demandais des conseils politiques, car ton travail d'analyste politique t'aurait empêché de m'en donner. Mais je me sentais un peu exposé, j'avais l'impression d'être plus vulnérable. Après toutes ces années, je devais me débrouiller seul. Il n'y avait plus personne pour me protéger...

André Fortin

FRANÇOIS BONNARDEL

De 2007 à 2016, le député François Bonnardel a côtoyé Jean Lapierre en tant que commentateur, mais aussi en tant qu'ami. Ayant tous deux représenté la même région de Shefford – l'un au provincial et l'autre au fédéral –, ils se sont rapidement découvert des atomes crochus. Lors de leurs promenades à Granby ou lorsqu'ils mangeaient dans un restaurant, chaque fois, c'était à Jean Lapierre que les citoyens voulaient parler. L'adéquiste qui a ensuite porté les couleurs de la Coalition avenir Québec (CAQ) ne s'en formalisait pas, bien au contraire, étant lui-même un inconditionnel de l'analyste politique. Lapierre exerçait un attrait, et il le savait.

Chaque jour, la capacité de son ami à vulgariser la politique et sa grande générosité continuent de l'inspirer. François Bonnardel sera toujours reconnaissant d'avoir pu compter sur les conseils, souvent agrémentés de fous rires mémorables, de celui qui, lorsqu'il faisait don de son amitié, le faisait pour la vie.

Depuis sa première victoire, François Bonnardel a été réélu sans interruption dans Granby. Il était leader parlementaire de la CAQ, le deuxième groupe d'opposition, avant les élections de 2018.

À mon ami, mon confident,

Au début de l'année 2006, je veux me porter candidat pour les prochaines élections sous la bannière de l'Action démocratique (ADQ) de Mario Dumont. Je le ferai chez nous, dans le comté de Shefford. Quand je commence ma tournée un an avant l'élection – sans équipe, à part quelques fidèles militants qui sont là depuis longtemps –, toutes les personnes que je rencontre me souhaitent bonne chance et me parlent de deux députés qui ont laissé leur marque au provincial et au fédéral : Roger Paré et Jean Lapierre. Je rêve et je me vois déjà à Québec.

La campagne est lancée le 21 février 2007. Je sais très bien que tu feras une visite dans ton ancien fief, et je veux être prêt. Pas question d'essuyer des critiques de ta part, qui peuvent être cinglantes lorsque les candidats sont absents ou encore que le local électoral est fermé. Tu annonces ta visite la veille sur les ondes, à l'émission d'Arcand. C'est le branle-bas de combat dans mon équipe. Tu arrives le lendemain dans ton autocar avec Richard Martineau, et tout se passe bien. Tu me laisses tes coordonnées pour que nous discutions des choses à faire et à ne pas faire en politique. Une amitié est en train de se développer.

Je suis élu et quelques jours plus tard, je reçois un texto. C'est toi qui m'invites à luncher. Tu n'as pas idée à quel point j'étais intimidé ! J'ai bu tes paroles, tes anecdotes pendant plus d'une heure trente. Tu me disais : « François, comme politicien, reste toi-même, ne fais pas la grosse tête, étudie tes dossiers, ne laisse rien au hasard », et aussi : « François, des gens ne voteront jamais pour toi, mais ils ne doivent pas travailler contre toi », et encore : « Ne passe jamais plus de 30 minutes à un même événement en campagne électorale. Donne au minimum 100 poignées de main par jour. » Je pourrais écrire encore longtemps tout ce que j'ai appris de toi.

J'ai eu le privilège pendant des années de t'avoir près de moi. Juste nous deux, à discuter, à analyser la politique. Maudit que je m'ennuie de ça !

Jean, tu as été là pour me guider dans ma carrière politique, pour me protéger, pour m'écouter et pour m'aider à trouver un équilibre dans ma vie personnelle. Je pouvais tout te dire et tu te faisais un point d'honneur de tout garder pour toi et de répondre « présent » quand je t'appelais. Tu a bien pris le temps de me faire comprendre que la famille est plus importante que tout. Au moment où j'écris cette lettre, j'ai les yeux pleins d'eau.

Notre dernier lunch a eu lieu à Granby, dix jours avant ton décès. Je revois encore Nicole te chicaner parce que les gens voulaient te serrer la main et venaient vers toi en premier. Je lui ai dit : « Non, laisse-les faire. Les gens aiment Jean et il sera toujours député de Shefford pour eux. » On a bien ri.

Le 2 septembre 2017, j'étais avec des amis au Bello, à Québec, un de tes restaurants préférés. C'est une belle soirée, le restaurant est complet, la soirée est parfaite et je vois du coin de l'œil ton fils avec son garçon dans les bras. Je le dis à mes amis, mais, par politesse, je ne le dérange pas. Notre soirée continue et plus tard, une dame vient me voir et me demande si je suis bien François Bonnardel. Elle me dit doucement : « Je suis la maman de Jean. » J'ai compris à ce moment que tu souhaitais que je puisse rencontrer ta mère que tu aimais tant. Elle m'a dit que tu lui parlais souvent de moi, que tu avais toujours des bons mots à mon égard. On a pleuré. J'en ai encore des frissons. Je m'en souviendrai toute ma vie.

J'ai eu le privilège d'être un de tes nombreux amis. Je te dois beaucoup. Tu me manques énormément, et chaque jour où je mets les pieds dans mon bureau de comté, une peinture, faite par une artiste de la région et accrochée au mur à l'entrée, me fait penser à toi. C'est écrit: « Salut salut ! »

François Bonnardel

PASCAL BÉRUBÉ

Pascal Bérubé a fait la connaissance de Jean Lapierre plusieurs années avant d'être élu député du Parti québécois en 2007. Malgré des divergences d'opinions politiques marquées, les deux hommes ont su se rapprocher et tisser des liens privilégiés au fil des années qui ont suivi.

Cette faculté de Jean Lapierre de créer des liens au-delà des couleurs politiques plaisait à Pascal Bérubé, lui qui parlait régulièrement sur les ondes des radios de Québec, réputées plus à droite et moins favorables à l'option souverainiste.

Réélu sans interruption depuis sa première élection dans Matane-Matapédia, Pascal Bérubé a été nommé ministre délégué au Tourisme en 2012 à l'âge de 38 ans, le plus jeune ministre du gouvernement de Pauline Marois, après Alexandre Cloutier. Avant les élections de 2018, il était leader parlementaire de l'opposition officielle.

Salut salut, Jean !

Nous avions surtout l'habitude de nous parler, bien plus que de nous écrire. Ce n'est donc pas un exercice facile pour moi de coucher ces mots sur le papier.

Je me rappelle encore notre premier contact en 2002 alors que je participais à ton émission de fin de soirée à TQS. En tant que président du Comité national des jeunes du Parti québécois, j'y avais rendez-vous pour débattre avec le chef de l'opposition, Jean Charest. Tout de suite, un lien amical s'est tissé entre nous. J'ai été charmé par ton style inimitable. Par la suite, nous sommes toujours demeurés en contact, de ma première campagne à ma nomination comme ministre, jusqu'à cette journée fatidique où tu as péri sur tes Îles que tu aimais tant.

Je crois avoir été l'élu du Parti québécois avec lequel tu avais le plus d'échanges et de liens. Certains l'apprendront peut-être ici. Il était question de politique, bien sûr, mais aussi de sujets de tout ordre et de nos vies personnelles. Que ce soit tôt le matin, avant ton indispensable chronique radiophonique, ou le soir, lorsque tu débarquais au Château Laurier de Québec pour venir prendre un verre avec moi, tu ne manquais jamais une occasion de jaser. Dans les rassemblements du PQ, tu me demandais de t'aider à décoder ce qui se passait, même si je savais bien que tu avais tout compris ! Et cela, parce que tu connaissais bien la politique et ses artisans, et aussi parce que tu respectais les élus, ceux qui, selon toi, avaient eu le courage de « placer leur face sur un poteau ».

Ton départ prématuré me trouble encore. J'imagine régulièrement, au gré de l'actualité, tout ce que tu aurais eu à nous dire. Pour faire notre travail, nous avions besoin de t'écouter à 7 h 05 avec ton complice Paul Arcand. Quel duo de choc ! On savait bien que ce que tu disais ou annonçais allait influencer la journée politique. Tu avais tellement de plaisir à communiquer pour faire de l'éducation politique auprès de la population ! Et en plus, tu réussissais à me faire oublier que tu étais un libéral.

Tes expressions et ton talent de raconteur faisaient de toi non seulement un redoutable acteur de l'information politique, mais aussi un homme fort attachant. Tu savais t'émouvoir des injustices et nous confier en privé tout l'amour que tu avais pour ta Nicole et tes enfants. Tu m'en as fait vivre, des émotions, notamment lors de ton passage à mon local électoral de Matane en 2008. Tu avais pris le temps de discuter avec mon père, aujourd'hui décédé, de lui dire que son fils était un des plus vaillants députés que tu avais rencontrés. Mes bénévoles avaient été impressionnés et touchés par ta gentillesse et ta considération.

Et que dire des fous rires incontrôlables, ou de ton célèbre cours de poignée de main, qui demeure encore à ce jour ma chronique préférée au 98,5. Tu sais, je la réécoute quand je m'ennuie de toi.

Je retiens aussi ton intérêt sincère pour le monde, intérêt qui se manifestait par un désir irrépressible d'aller jaser au centre commercial, au lieu de suivre les conférences de presse officielles. Tu faisais campagne en permanence pour que les Québécois s'approprient la politique et la comprennent. Une noble tâche que tu as réussie avec brio.

Tes enseignements me sont toujours utiles. De ton passage en politique j'ai appris qu'il faut toujours suivre ses convictions et assumer ses gestes, comme quand tu as quitté le Parti libéral du Canada par principe, même si c'était difficile. J'ai aussi noté que tu n'avais pas peur d'aller au front pour ton équipe en temps de guerre. Comme analyste politique, tu as démontré que l'humour est une arme politique particulièrement efficace.

Le jour de ton décès, je t'ai envoyé un texto à 12 h 30 pour t'offrir mes sympathies à la suite du décès de ton père. Pour la première fois, la réponse s'est fait attendre. Et elle n'est jamais venue.

Merci pour l'amitié, Jean. Tu me manques. Tu nous manques. Ta voix résonne encore souvent dans mes pensées.

Pascal Bérubé

JEAN-FRANÇOIS DEL TORCHIO

Jean-François Del Torchio aurait pu devenir l'attaché de presse de Jean Lapierre en 2004, si André Fortin, présent comme lui dans la liste des candidats sélectionnés, ne lui avait pas soufflé le poste au final. Mais l'attaché politique, qui a travaillé pour d'autres ministres, dont Liza Frulla, est loin de lui en vouloir.

En fin de compte, Jean Lapierre lui a également ouvert de nombreuses portes, en politique comme dans les médias. Après avoir été présenté à François Legault lors du lancement de la Coalition avenir Québec, Del Torchio est devenu le premier attaché de presse du nouveau chef de parti.

En 2014, il fait le saut à TVA Sports et TVA comme conseiller en communications. Depuis novembre 2017, il est directeur des communications pour le Barreau du Québec.

À mon ami, mon confident, mon mentor

Cher Jean,

Il n'y a pas un jour qui passe sans que je pense à toi. Évidemment j'aurais aimé pouvoir te dire ces mots de vive voix, mais je n'en ai pas eu la chance. Le matin du 29 mars 2016, je t'ai exprimé mes condoléances et souhaité bon voyage par texto. Je n'ai malheureusement jamais eu de réponse.

Mon ami, je te dois énormément. Tu m'as ouvert tellement de portes au fil de ma carrière, je t'en serai éternellement reconnaissant. Nous nous sommes rencontrés à Ottawa alors que tu revenais en politique pour aider ton ami Paul Martin, mais je dirais que c'est lorsque tu es reparti pour Montréal que notre amitié s'est réellement scellée. J'étais devenu le spin doctor *du Parti libéral du Canada sur la colline parlementaire, et nous nous parlions régulièrement. Parfois, je te trouvais dur avec tes anciens collègues. Nous argumentions franchement et directement, et le respect mutuel s'est imposé. Nous avons toujours gardé contact et nous sommes devenus de bons amis.*

Tu étais toujours là lorsque j'en avais besoin. Tu n'as jamais hésité à prendre le téléphone pour m'aider. D'ailleurs, à mon départ du PLC en 2010, c'est en grande partie grâce à toi que je suis retourné sur la scène provinciale. Tu avais dit à François Legault, alors qu'il fondait la Coalition avenir Québec, qu'il devrait m'embaucher. Je t'en remercie ! La création d'un nouveau parti fut une aventure formidable.

On se parlait presque chaque jour pour discuter de politique, de potins ou encore de tout et de rien. Tu aimais les gens et ça paraissait. D'ailleurs, je peux te confirmer que les gens t'aimaient ! Combien de fois, encore aujourd'hui, j'entends : « J'aurais donc aimé entendre ce que Jean Lapierre aurait dit à ce sujet. » Tu nous manques infiniment ; tu me manques, tu n'as pas idée à quel point.

Quand j'allais moins bien, tu étais présent, tu ne m'as jamais abandonné. Jean, comme je l'ai dit, tu as été un ami formidable, mais tu as surtout été un homme qui a eu une grande influence sur moi, un mentor. Tu m'as toujours enseigné les bonnes valeurs, notamment la franchise. Tu disais toujours : « Quand tu dis la vérité, tu ne te trompes pas dans tes mensonges. » Tu avais à cœur mon cheminement professionnel et personnel. J'ai vécu des hauts et des bas, mais tu étais toujours là pour m'encourager. J'aurais tellement aimé te présenter mon petit homme, Oscar, qui par hasard porte le même prénom qu'un de tes petits-fils.

Jean, tu me manques énormément et je donnerais tout pour pouvoir m'asseoir avec toi et prendre un bon verre de vin sur une terrasse en mémérant comme nous aimions tant le faire. J'aimerais tellement répondre à mon téléphone et entendre ta voix me dire : « Salut salut ! Veux-tu que je t'en conte une bonne ? Ç'a l'air que... »

Salut salut, mon Jean ! Je suis sûr que le paradis n'est plus le même depuis que tu y es ! Il doit y avoir beaucoup plus de fous rires, mais surtout encore plus de potins. Je t'aime, mon ami.

Jean-François Del Torchio

KARINE COUSINEAU

Karine Cousineau ne tarit pas d'éloges à l'endroit de Jean Lapierre, qui a été son patron au ministère des Transports. Cette ancienne attachée politique vante ses talents de communicateur et son franc-parler, un trait de caractère qu'elle partage avec lui.

Même après avoir quitté la politique, elle a gardé contact avec son mentor. Elle utilise régulièrement certaines de ses expressions, notamment « *le trouble est en option* ».

Comme Jonathan Trudeau, elle l'a toujours vouvoyé, même lors d'un souper décontracté ou d'une visite à son chalet.

Depuis 2016, Karine Cousineau est directrice des communications pour le groupe Lafarge Canada.

Cher Jean,

Ce n'est pas exagéré de dire que vous avez été l'une des personnes les plus déterminantes dans ma vie. Pourtant, quand une collaboration a été proposée, ma première réaction a été négative. En tant que jeune libérale québécoise fédéraliste, je n'étais pas très chaude à l'idée d'aller travailler pour « le gars du Bloc ». Je me suis dit que ça valait la peine de vous rencontrer. Ça n'a pas pris grand-chose pour me convaincre. Aujourd'hui, je me considère privilégiée d'avoir eu la chance de vous avoir eu non seulement comme patron, mais aussi comme mentor et ami.

Dès notre première rencontre, votre amour du Québec et de sa métropole était palpable. Vous m'aviez expliqué que la meilleure façon d'honorer cet amour était d'agir et de faire aboutir des dossiers. C'est pour cette raison que vous étiez si content d'être le nouveau ministre des Transports. Que votre approche était rafraîchissante ! Je vous dois, parmi tant de choses, ce respect pour le travail des politiciens, souvent très ingrat. Je sais que peu importe le parti, les gens qui sont prêts à sacrifier autant pour le service public le font la plupart du temps pour les bonnes raisons.

Et votre amour pour le « vrai monde » était aussi unique. Je me rappellerai toujours cette citoyenne venue vous chanter des bêtises lorsque nous lunchions tout bonnement dans le Vieux-Montréal. Vous m'aviez alors expliqué la grande différence entre le politicien et le commentateur politique. Le commentateur lui aurait dit de changer de poste, alors que le politicien a le devoir de l'écouter. Que ce soit comme commentateur ou politicien, écouter les gens n'a jamais été pour vous une corvée. Je n'ai jamais rencontré quelqu'un qui aimait autant le monde. Et les Québécois vous le rendaient bien.

Votre amitié et votre disponibilité a eu un impact profond sur la personne que je suis aujourd'hui. Lors d'un de nos derniers lunchs, nous avons parlé de l'importance de voyager sans attendre la retraite, de passer du bon temps en famille et de profiter de la vie. Votre départ hâtif quelques semaines plus tard a été encore plus difficile à accepter, sachant à quel point vous aimiez la vie.

Ayant normalement le « tu » facile, j'ai toujours trouvé étrange que vous soyez l'une des seules personnes que je sois incapable de tutoyer. C'était probablement une façon de vous montrer le respect immense que j'ai pour vous.

Il se passe rarement une journée sans que votre influence ne se fasse sentir, que ce soit quand j'utilise une de vos expressions colorées, que j'emprunte maintenant en toute impunité (après tout, elles étaient déjà empruntées à votre tante ou aux gens des Îles, non ?), ou quand je mets en pratique l'un des multiples secrets professionnels que vous m'avez appris.

J'aimerais vous dire merci du fond du cœur. Un jour, on prendra bien un autre bon verre de vin ensemble, et je suis sûre que vous aurez beaucoup de nouvelles histoires à raconter.

Karine Cousineau

UGO THÉRIEN

C'est lors du second passage en politique de Jean Lapierre en 2004 que cet ancien professeur fait sa connaissance. Le politicien encourage le jeune attaché politique à travailler, non pas pour lui, mais plutôt pour des ministres anglophones afin d'élargir ses horizons. Il lui donne alors un des meilleurs conseils de sa vie : « Ne travaille jamais pour *cheap.* »

Ugo Thérien a occupé divers postes en communications au sein de la fonction publique fédérale. Il est actuellement directeur du développement de la main-d'œuvre pour le gouvernement canadien.

Salut salut ! Jean

Devant l'immensité de ton carnet d'adresses, impossible de ne pas avoir le complexe de l'imposteur quand je parle de toi. Tout le monde a son histoire avec Jean, toutes meilleures les unes que les autres. À travers le feu roulant de tes souvenirs, tes nombreuses apparitions publiques et les géants qui te contactaient au quotidien, c'est avec beaucoup d'humilité et de fierté que je répondais toujours à mon téléphone chaque fois que tu prenais du temps pour moi.

Je me souviens comme si c'était hier du coup de fil reçu à la fin janvier 2007. Tu me demandais de me joindre à toi dans une de tes nouvelles aventures et de changer la manière dont les télés couvriraient les élections. Moi, oui, moi, j'allais participer à une aventure de plus de deux mois, pratiquement sept jours sur sept, en ta compagnie. Un petit geste pour toi, mais une expérience qui a changé le cours de ma vie. Même si mon intelligence politique a augmenté exponentiellement durant cette période, c'est Jean, l'homme, de qui j'ai le plus appris.

Au tout début, c'est ton humanité qui m'a le plus impressionné. Côtoyant des politiciens depuis ma tendre enfance, je n'avais jamais rencontré quelqu'un avec un désir aussi fort d'aller vers les autres pour comprendre leur réalité. La politique était utilisée comme « terre de rencontre », et l'opinion de tous était importante à tes yeux. Au-delà des 500 poignées de main par jour que je t'ai vu donner, c'est le temps que tu prenais avec chacun qui rendait la chose spéciale. Tu avais un don unique pour mettre les gens à leur aise et gagner leur confiance. Ta complicité et ta proximité avec le « vrai monde » resteront gravées en moi pour toujours.

Ta passion pour la politique est inégalable. Le respect profond que tu avais pour la profession la rendait noble à mes yeux. Ce travail ingrat, difficile et mal perçu était pour toi le plus beau. Tu partageais cette passion avec le public, et tes meilleurs conseils en privé avec des privilégiés.

Ta loyauté envers ton entourage est légendaire et ton authenticité, exemplaire. Une fois admis dans ton cercle, on connaît tous le même Jean Lapierre. Toujours prêt à nous mettre en contact avec quelqu'un qui va nous aider, à parler de nous en bien dans ton réseau. Jamais je n'aurai eu une meilleure référence pour un emploi.

Ton éthique de travail est incomparable. C'est assurément l'aspect qui m'a le plus frappé lors de notre aventure sur les routes du Québec. Je réalise qu'il n'y avait pas seulement de la chance et du charisme derrière ton succès. En présence du travailleur infatigable que tu étais, je ne pouvais avoir un meilleur modèle pour comprendre les efforts et sacrifices à faire lorsque l'on veut travailler dans un domaine qui nous passionne.

Finalement, ta joie de vivre était contagieuse. Il n'y a pas une minute passée en ta compagnie qui n'était pas entrecoupée par un rire.

Même si les années ont passé et que les appels se sont espacés, je savais que tu étais toujours là pour moi quand j'en avais besoin. Je suis une meilleure personne grâce à toi et je le célèbre au quotidien. Tu m'as donné confiance en moi et permis de croire en mes opinions. Les valeurs que tu as partagées avec moi et ta passion pour le travail me poussent à travailler plus fort pour devenir la personne que j'aimerais être, et pour cela je t'en serai toujours reconnaissant.

Le téléphone ne sonne peut-être plus entre 6 heures et 7 heures, mais tous les matins, lors de ma revue de presse, je me demande : Qu'est-ce que Jean en penserait ?

Merci, Jean,

Ugo Thérien

JONATHAN TRUDEAU

Jonathan Trudeau a travaillé quelques mois comme attaché politique pour Jean Lapierre en 2004, mais c'est surtout par la suite que les deux hommes se lient d'amitié.

Lorsqu'il a songé à quitter la politique afin d'entamer une nouvelle carrière dans les communications et les médias, c'est notamment l'avis de Jean Lapierre que l'ancien conseiller du premier ministre Jean Charest a sollicité. Maintenant chroniqueur au *Journal de Québec* et au *Journal de Montréal* et commentateur à LCN, Jonathan Trudeau s'inspire encore des façons de faire de son mentor. Il s'assure notamment de distribuer autant que possible, comme chroniqueur, les baffes de façon égale aux différents partis politiques.

Jonathan Trudeau n'a cependant jamais été capable d'acquiescer à une autre suggestion de son mentor : le tutoyer. Encore aujourd'hui, quand il parle de lui, c'est toujours « monsieur Lapierre » !

Monsieur Lapierre,

Je me souviendrai toujours de notre première rencontre. J'étais un jeune blanc-bec de 22 ans. Impliqué à temps perdu en politique provinciale depuis plusieurs années, je commençais à peine à travailler dans ce domaine. Fraîchement débarqué dans la Capitale nationale, ma connaissance de Québec était on ne peut plus limitée, sans oublier que je n'avais jamais été impliqué en politique fédérale.

À la fin de l'été 2004, une relation que nous avons en commun m'a informé que le nouveau lieutenant politique du Québec du premier ministre Paul Martin cherchait une personne pour s'occuper des communications du gouvernement pour l'est de la province, à partir du bureau de Québec. Votre chef de cabinet et vous m'avez alors convoqué en entrevue.

Que j'étais nerveux ! Pour moi, vous étiez une personnalité connue et respectée du milieu des médias. J'étais trop jeune pour me rappeler votre premier passage en politique. Je ne rencontrais pas un politicien. Je rencontrais LE Jean Lapierre, celui qui habitait mon quotidien, comme celui de centaines de milliers de Québécois.

Ce fut une rencontre agréable, simple et sans complexe. Vous vouliez me connaître et voir si le feeling *était bon. Pas d'interrogatoire serré, pas de serment d'allégeance ou de test de connaissances sur le Canada. Juste savoir qui j'étais.*

Au moment de sortir de cet entretien, j'étais simplement heureux d'avoir vécu cette expérience. Une rencontre privée avec Jean Lapierre ! Je ne croyais absolument pas en mes chances.

Quelques jours plus tard, j'apprenais que vous aviez arrêté votre choix sur moi. J'étais sans mots, et ma vie venait de basculer.

Mes premiers pas en politique fédérale – mon séjour fut de courte durée – ne furent pas de tout repos. Votre décision de confier d'importantes responsabilités à un jeunot qui avait encore la couche aux fesses avait créé une onde de choc au sein de l'organisation libérale de la région de Québec. Mais j'ai rapidement senti que les détracteurs n'avaient qu'à bien se tenir.

J'avais votre appui et vous n'aviez que faire des « critiqueux ».

C'est lorsque j'ai quitté la politique fédérale que le « patron » Jean Lapierre est devenu « le mentor » Jean Lapierre. Et « l'ami » Jean Lapierre, que je n'ai jamais arrêté de vouvoyer. Une marque de respect qui m'était chère malgré notre amitié.

Même lorsque j'ai quitté votre navire, vous avez eu la délicatesse de m'appeler et de me dire que je faisais le bon choix. Après tout, je voulais exercer la fonction d'attaché de presse, et les libéraux provinciaux me faisaient une offre qui était difficile à refuser.

À partir de ce moment, je n'ai jamais pris une décision professionnelle sans vous demander votre avis. Vos conseils étaient justes et précieux. Vous ne me disiez jamais quoi faire, mais vous parveniez à me faire me poser les bonnes questions et à acquérir les réflexions qui allaient me guider vers des choix judicieux.

Même après votre retour dans les médias, notre lien ne s'est jamais atténué. Nous pouvions bien passer parfois quelques semaines, voire quelques mois, sans nous parler. Mais lorsque j'avais besoin de vos lumières, vous étiez présent. Et pratiquement à chacun de vos passages à Québec, vous preniez le soin de m'écrire pour aller déjeuner, dîner ou souper. C'était l'occasion de « mettre nos potins à jour ». Le plaisir que nous avions est indescriptible. C'était simple, drôle et agréable. Je ne vous l'ai jamais dit, mais si vous saviez à quel point je me sentais privilégié. Malgré un réseau de contacts inégalé, vous preniez le temps de me voir, moi. Je jouissais d'une chance inouïe.

Lors de mes deux années passées comme conseiller aux communications du premier ministre Jean Charest, j'ai été marqué profondément par un élément. Vous n'avez jamais profité de ma position pour me soutirer des informations ou des exclusivités. Il était hors de question que vous tentiez de tirer avantage de notre relation.

Puis vint le temps pour moi de quitter la politique pour de bon. Vous partagiez mon sentiment qu'il était souhaitable de choisir le moment de mon départ plutôt que d'attendre la mort d'un gouvernement et de me fondre dans la marée de gens à la recherche d'un boulot.

Vous m'avez alors accompagné dans mon cheminement pour me trouver un emploi dans le secteur privé. Je me souviens de cet exercice que vous m'aviez suggéré de faire. Écrire sur une feuille la liste des endroits où j'aimerais travailler et pourquoi. « Quand on se vante soi-même, ça ne vaut rien, me disiez-vous, mieux vaut que quelqu'un d'autre dise que t'es bon. » Ainsi, je n'ai jamais eu à vous demander d'avoir un bon mot pour moi. Vous l'offriez d'emblée.

Vous m'avez aussi aiguillé lorsque j'ai eu l'occasion de quitter le secteur privé et de tenter ma chance dans les médias comme chroniqueur politique, puis comme animateur à la radio. Je vous ai envoyé ma toute première chronique radio, et vous avez pris soin de l'écouter en entier. Vos commentaires étaient bons, mais vous m'avez mis en garde contre l'utilisation d'un trop grand nombre d'anglicismes. « T'as assez de vocabulaire pour ne pas développer cette mauvaise habitude. » Je ne l'ai jamais oublié.

Le 16 mars 2016, vous m'avez écrit : « Salut ! Je vais à Québec pour le budget. Serais-tu disponible pour le souper ce soir ? » Malheureusement, en raison d'un conflit d'horaire, j'ai dû décliner l'offre. On a bien jasé au téléphone pendant une vingtaine de minutes ce jour-là, mais j'ignorais alors que je manquais notre dernier rendez-vous. J'aurais tellement aimé avoir l'occasion de partager un bon repas avec vous une dernière fois.

Je n'oublierai jamais le moment où un ami en commun m'a appris votre décès. J'ai rarement été aussi consterné.

Puis vint cette réflexion, qui ne m'a jamais quitté depuis ce jour : Avant, je m'empressais de vous consulter pour savoir ce que vous pensiez. Maintenant et pour toujours, je devrai me contenter de me demander ce que vous me diriez.

Jonathan Trudeau

ALEC CASTONGUAY

De 2011 à 2016, le journaliste Alec Castonguay a régulièrement fait du terrain avec Jean Lapierre pour prendre le pouls de la population lors de campagnes électorales. C'est là qu'il le voit à l'œuvre et qu'il en tire ses enseignements les plus précieux.

Lapierre donne quelques trucs au chef du bureau politique du magazine *L'actualité* pour ses interventions à la télévision : porter un veston bleu marine discret (le noir est trop associé aux funérailles), doser ses apparitions et s'éclipser l'été lorsque c'est tranquille dans l'actualité — afin d'éviter d'ennuyer le public.

Alec Castonguay s'efforce de suivre les traces de son mentor, qui travaillait sans relâche, mais surtout qui savait prendre la vie en riant.

Cher ami,

Je ne te l'ai jamais dit, ne sachant pas que tu allais nous quitter aussi soudainement. J'ai été imprudent, comme trop d'amis qui repoussent une conversation à plus tard parce que rien ne presse.

Le lendemain de ta mort, en marchant à l'aurore dans les rues calmes de Montréal, j'ai levé les yeux vers le ciel bleu naissant. Il restait encore une étoile, seule, perdue, comme suspendue hors du temps. Était-ce toi? Veillais-tu sur moi, sur nous, une dernière fois? Cherchais-tu ton chemin, encore déboussolé de nous regarder de là-haut? Ou était-ce simplement une hallucination due à ma trop courte nuit? J'ai souri.

Puis, j'ai prononcé à voix haute ce mot de cinq lettres, si simple, que j'aurais voulu te dire bien avant: « merci ». Les larmes qui ont suivi étaient chargées de souvenirs. Ton typique « Salut salut! » ne résonnerait plus dans mon téléphone. Il était trop tard. Je ne pourrais jamais te dire à quel point ta présence, tes conseils et ton humour ont fait de moi un meilleur journaliste.

Tu n'auras jamais su, même si je suis certain que tu t'en doutais, à quel point j'appréciais ton coup de fil avant chacune des campagnes électorales. Tu me conviais à un lunch dans l'un de tes nombreux restaurants préférés afin qu'on planifie ensemble « le terrain », les endroits chauds où aller se promener pour « sentir le vent » des élections. C'était ta façon bien à toi de me dire : « Je t'apprécie, mon ami. » Après tout, on ne multiplie pas les heures en auto, à se raconter la politique et la vie, si le plaisir n'est pas au rendez-vous.

Et Dieu qu'on a rigolé sur les chemins du Québec ! Je repense à cette fois, en Mauricie, en 2012, où un candidat nous a rattrapés en courant dans la rue, trop malheureux d'avoir manqué notre visite à son local électoral, quelques minutes plus tôt… et visiblement craintif que tu dises en ondes qu'il n'était pas à son affaire !

Tu aimais être dehors, sur le terrain, avec les candidats, les élus locaux, les têtes fortes des villages, les petits entrepreneurs… là où se font et se défont les élections. Bon vivant, tu aimais la bouffe et le vin, et connaissais tout le répertoire des restaurants de campagne du Québec : « Ici, c'est le meilleur hot chicken *des Laurentides.»; «La pizza de Mme Poulin est extraordinaire, viens essayer ça...» Tu entrais et tu étais reçu comme un membre de la famille. T'enfermer dans un bureau aurait provoqué ta démission immédiate.*

Une tournée de centre d'achat pour jaser «avec le vrai monde» pouvait prendre une heure, tellement les gens venaient vers toi, comme vers un aimant. Tu me répétais n'avoir jamais été aussi populaire lorsque tu étais en politique, où le jugement des citoyens est bien plus mordant. Tu aimais ta liberté de parole de commentateur.

Pour un scribe comme moi, dont l'anonymat n'attire pas âme qui vive, parcourir le Québec avec toi me permettait de sentir le pouls d'une campagne et d'apprendre à faire parler les gens. Qu'est-ce qui les préoccupe? Comment lire les petits caractères d'un sondage afin de dénicher la tendance de fond? Dans quel sens va le vent?

C'est ainsi que nous avons senti la vague orange avant même les sondeurs lors des élections fédérales de 2011, quand les citoyens nous serraient la main aux abords de la cantine ou à la station d'essence, et disaient avec fierté que cette année-là, ils voteraient pour « Clayton », ou « Layton », ou « le monsieur souriant avec une canne »…

Je t'ai souvent entendu parler au téléphone avec des informateurs lors de nos voyages, et les traiter avec respect, même si tu étais en désaccord avec leur spin, *leur version des événements. Parfois, tu raccrochais et me balançais avec le sourire : « Il dit n'importe quoi ! » Ton objectif n'était pas de gagner une joute verbale au téléphone, mais de comprendre ce que ton interlocuteur pensait, pour ensuite te faire une opinion éclairée. Inutile d'être désagréable. Tu m'as déjà dit : « C'est toi qui as le gros bout du bâton, c'est toi qui parles au public à la fin. »*

À tes côtés, j'ai appris qu'on peut analyser sérieusement la politique avec des mots que tout le monde comprend. Un langage direct, imagé, adapté à l'auditoire à qui l'on parle. Certaines expressions passent mieux à la radio privée qu'à Radio-Canada, et c'est normal. J'ai compris que les phrases inutilement verbeuses et torturées ne servent qu'à cacher notre incompréhension d'un sujet.

Tu m'as encouragé à foncer, même si j'ai commencé en tant qu'analyste politique à seulement 31 ans. Tu ne m'as jamais trouvé « trop jeune ». « La compétence a peu à voir avec l'âge. Il suffit de travailler plus fort », disais-tu.

Il m'arrive encore régulièrement de me demander ce que tu penserais de tel ou tel faux pas d'un ministre, de la démission d'un chef ou de l'arrivée tonitruante d'une vedette dans l'arène politique. On a si souvent refait le monde autour d'une bonne bouteille de rouge que ce vide n'est pas encore comblé. Celles que j'avais mises de côté pour nous ont encore leur bouchon bien en place.

La colère est passée, mais je suis encore triste. Triste de ne pas avoir eu le temps de te dire merci. Maudite vie. Maudite mort.

Je me console un peu en pensant que là-haut, ils viennent d'accueillir un joyeux numéro. Une bonne étoile de plus pour veiller sur la confrérie des commentateurs politiques. Dorénavant, aux aurores, le ciel rira un peu plus.

Alec Castonguay

Remerciements

Je tiens à remercier toutes les personnes qui m'ont accordé des entrevues ou transmis des informations pour la rédaction de cet ouvrage, et elles se comptent par dizaines. Je pense notamment à Paul Larocque, dont la collaboration a été précieuse, et aux auteurs des lettres du dernier chapitre, qui m'ont apporté une généreuse contribution.

Ce portrait de Jean Lapierre a été grandement enrichi par les témoignages des amis proches qu'étaient pour lui Marc Bruneau, Pierre Bibeau, Bernard Poulin, Michel Pellerin, Chantal Hébert et Jean-Guy Goulet. Je tiens également à remercier les enfants de Jean, Marie-Anne et Jean-Michel, qui ont accepté de partager leurs souvenirs et de répondre à mes nombreuses questions. Malgré la peine qui vous afflige, vous m'avez ouvert votre porte et je vous en suis reconnaissante.

Je souhaite saluer la participation de nombreux collaborateurs de Jean Lapierre en politique, à commencer par l'ancien premier ministre libéral Paul Martin, les ex-chefs du Bloc québécois Lucien Bouchard et Gilles Duceppe, son père en politique, André Ouellet, ainsi que ses anciens collègues ministres Liza Frulla et Sheila Copps. Plusieurs personnes qui l'ont accompagné pendant ces années, souvent dans l'ombre, ont accepté sans hésitation de me parler de cette période, et je les en remercie : Luc Normandin, Richard Mimeau, Irène Marcheterre, Louis Ranger, André Fortin, Ugo Thérien, Karine Cousineau, Jean-François Del Torchio, Bob Dufour et Jonathan Trudeau.

Martine Caza-Lenghan, Richard Desmarais, Luc Doyon, Mychel St-Louis, Jean Cournoyer et Serge Roux, vous m'avez aidée, en puisant dans vos souvenirs, à retracer les débuts de Jean Lapierre dans les médias. Des politiciens, certains toujours actifs, d'autres maintenant retirés de la vie publique, dont Jean Charest, François Legault, François Bonnardel, Pascal Bérubé et Jacques Chagnon, ont témoigné, parfois avec nostalgie, de son impact unique sur la couverture de la politique. Je lève mon chapeau aux collègues de Lapierre dans les médias qui ont su transmettre leur enthousiasme au sujet des dernières années de sa vie professionnelle, où il était au sommet de son art : Pierre Bruneau, Mario Dumont, Serge Fortin, Denis Lévesque, Paul Arcand, Paul Houde, Michel Lorrain, Alec Castonguay, Michel David, Michel C. Auger, Andrew Carter et Mutsumi Takahashi.

Un merci bien senti également aux résidents des Îles-de-la-Madeleine qui m'ont accueillie si chaleureusement lors de mon passage en octobre 2017, et qui m'ont permis de saisir toute la splendeur de l'archipel qui a vu naître et mourir Jean Lapierre. Je comprends mieux maintenant pourquoi ce fier Madelinot revenait aussi souvent sur sa terre natale !

Je ne saurais passer sous silence le travail d'édition d'Ariane Caron-Lacoste et de Mylène Des Cheneaux, qui m'ont accompagnée pendant l'écriture de ce premier ouvrage, ainsi que la révision minutieuse d'Emmanuel Dalmenesche. Je remercie aussi mes patrons au *Journal de Québec* – Sébastien Ménard et Jean Laroche –, ainsi que les personnes qui ont lu le manuscrit final et qui m'ont prodigué de judicieux conseils. La collaboration de Marie-Christine Trottier à la recherche m'a été précieuse, et je la remercie.

Ma famille et mes amis ont accepté de me partager avec mon travail au cours des 18 derniers mois, et je les remercie de leur compréhension.

Enfin, depuis le début de cette aventure, une personne m'a encouragée et soutenue sans jamais faillir : mon conjoint, Jean-René Baril. Son regard critique et sans complaisance, mais toujours bienveillant, a grandement contribué à améliorer la qualité de mon travail. Notre grande complicité et son enthousiasme m'ont amenée à me dépasser et je lui en suis infiniment reconnaissante.

Marianne White

Cet ouvrage a été achevé d'imprimer au Québec
sur les presses de Marquis Imprimeur le seize octobre deux mille dix-huit
pour le compte des Éditions du Journal.